미래 세대를 위한
기후 위기를
이겨내는 상상력

미래 세대를 위한 기후 위기를 이겨내는 상상력

제1판 제1쇄 발행일 2023년 10월 9일

글 _ 안치용
기획 _ 책도둑(박정훈, 박정식, 김민호)
디자인 _ 채홍디자인
펴낸이 _ 김은지
펴낸곳 _ 철수와영희
등록번호 _ 제319-2005-42호
주소 _ 서울시 마포구 월드컵로 65, 302호(망원동, 양경회관)
전화 _ 02) 332-0815
팩스 _ 02) 6003-1958
전자우편 _ chulsu815@hanmail.net

ISBN 979-11-88215-98-0 43300

철수와영희 출판사는 '어린이' 철수와 영희, '어른' 철수와 영희에게
도움 되는 책을 펴내기 위해 노력합니다.

미래 세대를 위한

기후 위기를
이겨내는 상상력

글 안치용

철수와영희

모든 인류의 지혜와 힘을
모아야 합니다

개 한 마리가 고기를 입에 물고 강을 가로지른 다리를 건너고 있었다. 우연히 강물에 비친 자신의 모습을 본 개는 자기의 고기 조각보다 더 큰 것을 물고 가는 다른 개가 있다고 생각했다. 더 큰 고기에 욕심이 생겨 물고 있던 고기를 뱉고 다른 개의 고기를 빼앗으려 강물로 뛰어들었다.

이솝우화에 나오는 유명한 이야기입니다. 물에 뛰어드는 대신 짖었다고 살짝 이야기를 바꿔 전하기도 합니다. 결말은 다 아는 대로입니다. 강물 속의 개와 고기는 실제로 있는 것이 아니라 자신을 비춘 수면 위의 상(像), 즉 간단히 말해 헛것이었기에 개는 물에 빠져 허우적대고 고기는 잃어버렸을 것입니다. '우화'는 인간 세상에 흔히 일어나는 일을 동물이나 식물 이야기에 빗대 교훈을 주는 이야기 형식입니다. 이 이야기 속 개가 미련하다는 건 너무 쉽게 알아차릴 수 있어서 우리는 이런 일을 하지 않을 것 같습니다.

그럴까요. 여러분이 모두 잘 아는 현재의 기후 위기는 인류가 우화 속 개와 다를 바가 없어서 생긴 사건입니다. 인류는 더 큰 고기를 찾아 이미 주어진 고기를 강물에 흘려보내는 잘못을 반복하고 또 반복했습니다. 산업혁명 이후 인류의 삶의 양식을 한마디로 요약하면 바로 저 개가 한 짓입니다.

위기가 너무 명백합니다. 지구 기온이 계속 올라 대기 중 온실가스가 증가하고, 해수면이 상승하여 인간 거주지를 넘보며, 이상 기후의 발생 빈도가 늘어나 이상 기후가 정상 기후처럼 바뀌는 견디기 힘든 상황은 우리 현실이 되고 있습니다. 여러분이 살아갈 세상에서 북극곰이 물에 빠져 죽거나 굶어 죽으며 21세기가 끝나기 전에 멸종하는 장면은, 어쩌면 지나친 상상이 아닐 것입니다. 그러므로 할 일 또한 분명합니다. 모든 인류의 지혜와 힘을 모아 지구와 생태계에 대한 책임을 다해야 합니다.

세상을 구하는 일은 누구나 할 수 있습니다. 다만 혼자서는

미래 세대를 위한 기후 위기를 이겨 내는 상상력

할 수 없습니다. 지금은 특별한 영웅이 '짠' 하고 나타나 세상을 구하는 시대가 아닙니다. 크고 작음의 차이가 있겠지만 모두에게 책임이 있듯이, 다 함께 나서야 합니다. 세상을 구하겠다는 책임감을 느끼고 나에게도 그 책임이 있음을 자각하면서 행동에 나서는 사람이 필요합니다.

그렇다면 어떻게 행동해야 할까요. 방법이 많습니다만, 저는 이렇게 말씀드리고 싶습니다. 상상하는 것, 그것이 행동의 시작입니다.

안치용 드림

차례

땅이 없는 나라가 있다

1997년 여름 찰스 무어는, 미국 로스앤젤레스에서 출발해 하와이에 도착하는 요트 경기를 마치고 캘리포니아에 있는 집으로 돌아가는 길에 이상한 섬을 발견했습니다. 무어가 북태평양을 항해하던 중에 바람이 불지 않는 무풍지대에 3주간 갇혔었는데, 이때 우연히 발견한 거지요. 해류가 모이는 자리인 그곳에는 엄청난 양의 쓰레기 더미가 떠 있었습니다. 훗날 '태평양 거대 쓰레기 지대(GPGP: Great Pacific Garbage Patch)'라는 이름이 붙으며 세계적인 관심거리가 된 쓰레기 섬은 이렇게 사람들에게 모습을 드러냅니다.

미래 세대를 위한 기후 위기를 이겨 내는 상상력

태평양의 거대 쓰레기 섬

'태평양 거대 쓰레기 지대'라고 불리는 이 쓰레기 섬의 면적은 약 160만 제곱킬로미터 이상으로 추정됩니다. 대한민국(남한) 영토의 대략 16배에 해당하는 넓이입니다. 국제 해양 환경 단체인 오션 컨서번시(Ocean Conservancy)에 따르면 매년 800만 톤 이상의 플라스틱 쓰레기가 바다로 흘러들어 갑니다. 플라스틱을 가득 채운 뉴욕시의 쓰레기 수거 트럭이 1분마다 한 대씩 1년 동안 바다에다 투기하면 이 정도 양이 됩니다. 이렇게 흘러들어 간 플라스틱 쓰레기가 해양 고체 오염물질 총량의 60~80퍼센트를 차지한다고 합니다.

바다에 유입된 플라스틱 쓰레기는 해류를 따라 이동하다가 해류가 모이는 원의 중심 같은 곳에 모여 점차 섬 비슷한 형태가 됩니다. 세계 전역에서 버려진 엄청난 양의 쓰레기로 인해 형성된 거대 쓰레기 섬이 태평양, 대서양, 인도양에 모두 5개나 만들어졌습니다. 그중에서 가장 거대한 플라스틱 쓰레기 섬이 GPGP입니다.

GPGP는 북태평양의 4대 해류(쿠로시오 해류, 북태평양 해류, 캘리포니아 해류, 북적도 해류)가 모이는 곳으로, 이곳으로 오는 해류는 중국, 대만, 베트남, 미국 등 여러 국가를 거칩니다. 그 과

태평양의 거대 쓰레기 지대 ©DAL&MIKE

정에서 이 나라들의 많은 쓰레기가 바닷물에 실려서 GPGP로 모여든 것이죠.

우리나라 면적의 16배에 달하는 거대한 섬이지만 위성 지도에서는 이 섬을 찾아볼 수 없습니다. 쓰레기 섬이라고 하면 바닷물 위에 산처럼 쌓여 둥둥 떠 있는 플라스틱 더미를 연상하겠지만, 섬 대부분이 미세플라스틱으로 돼 있어 위성으로는 식별되지 않는다고 합니다.

네덜란드에 본부를 둔 국제 비영리 환경단체인 오션 클린업 (The Ocean CleanUp)의 연구 결과에 따르면 5센티미터 이상의 커다란 플라스틱이 쓰레기 섬 전체 무게의 75퍼센트를 차지

미래 세대를 위한 기후 위기를 이겨 내는 상상력

하지만, GPGP를 이루는 전체 개체 수에서 큰 플라스틱의 비중은 매우 낮습니다. GPGP에서 발견된 플라스틱 개체의 94퍼센트 이상은 5밀리미터보다 작은 크기의 미세플라스틱입니다. 미세플라스틱은 커다란 폐플라스틱이나 버려진 그물 등 해양 쓰레기와 함께 이곳을 떠다니며 잘 보이지 않지만 거대한 섬을 이루고 있지요.

쓰레기 섬은 공포의 섬입니다. 그나마 눈에 보이는 플라스틱 쓰레기는 회수해 없앨 수 있지만, 바닷물에 녹아든 미세플라스틱은 수거하기가 매우 어려울뿐더러 세상 어디로나 숨어 들어갈 수 있기 때문입니다.

이 미세플라스틱이 인체와 생태계에 미치는 영향에 관한 연구는 막 걸음마를 뗀 상태입니다. 미세플라스틱이라는 용어 자체가 21세기 들어서 생겼고 2010년 이후에야 그로 인한 오염 실태, 생태계와 인체에 미치는 영향 등에 관한 연구가 진행되고 있습니다. 2014년에 유엔환경계획(UNEP)이 미세플라스틱 오염을 전 세계 10대 환경 문제의 하나로 발표했고, 이를 계기로 미세플라스틱의 심각성이 널리 알려지게 되었습니다.

2008년 미국 해양대기청(NOAA)이 미국 워싱턴주에서 연 제 1차 국제 미세플라스틱 워크숍에서 과학자들은 미세플라스틱(마이크로플라스틱)을 '5밀리미터 미만 크기 플라스틱 쓰레기'

로 정의하기로 합의했습니다. 이후 '1나노미터 이상, 100나노미터 미만'으로 초미세플라스틱(나노플라스틱) 정의가 추가되면서 자연스럽게 미세플라스틱 크기 하한이 100나노미터로 정해집니다. 100나노미터는 머리카락 굵기의 1000분의 1 수준입니다.

미세플라스틱은 어떻게 생겨났는지에 따라 1차 미세플라스틱과 2차 미세플라스틱으로 나뉩니다. 1차 미세플라스틱은 특정한 목적하에 일부러 만들었습니다. 우리가 일상생활 중에 흔하게 쓰는 치약, 세안제, 화장품에 들어 있는 것이 대표적이지요. 2차 미세플라스틱은 바다에 버려진 플라스틱 제품과 플라스틱 조각이 서로 부딪혀 닳고 또 풍화하며 생겼습니다. GPGP를 포함해 자연에 존재하는 미세플라스틱 대부분은 2차 미세플라스틱입니다.

미세플라스틱에는 플라스틱을 처음 만들 때 들어간 화학물질(가소제와 난연제, 자외선 안정제, 산화방지제 등)이 포함되어 있습니다. 미세플라스틱은 유기 오염물질을 쉽게 흡수하는 높은 흡착성을 지니고 있습니다. 시간이 지날수록 나쁜 물질을 더 흡수해 상태가 점점 나빠진다는 얘기입니다. 해양 생물이 먹이로 오인해 섭취한 미세플라스틱은 해양 생물에게 물리적인 상처를 내고 먹는 방식에 변화를 일으키며, 성장과 생식 능력

저하를 불러옵니다.

　바다 생물이 섭취한 미세플라스틱은 먹이사슬의 연쇄로 인간에게 흡수됩니다. 인간이 내보낸 것이 결국 인간에게 되돌아오는 셈이지요. 2018년 네덜란드 환경 과학자 알버트 쾰만스는 우리가 매일 먹는 소금이 미세플라스틱에 오염됐다는 연구 결과를 발표해 사람들을 놀라게 했습니다. 세계자연기금(WWF)에 따르면 요즘 인간은 1주일에 신용카드 한 장 분량의 미세플라스틱을 먹는다고 합니다. 일부러 플라스틱을 먹을 리는 없고, 우리가 모르는 사이에 음식을 통해 몸으로 들어오는 것이지요.

'트래시 아일스'라는 이상한 나라

　매우 늦은 편이긴 하지만, 대양의 쓰레기 섬 문제를 해결하기 위한 국제 사회의 노력이 계속해서 이어지고 있습니다. 비영리단체 플라스틱 오션 파운데이션(Plastics Oceans Foundation)과 영국 엔터테인먼트 회사 래드바이블(LADbible)은 이 쓰레기 섬에 대한 국제적 관심을 촉구하기 위해 이 섬을 유엔 회원국으로 지정해 달라고 2017년 유엔에 요청했습니다. 놀랍게도 섬은 '트래시 아일스(Trash Isles)'라는 이름이 붙은 하나의 국가로 인정되어 20만 명의 국민을 보유하게 됩니다. 국민 중에 저명인사가 많은데, 미국 전 부통령 앨 고어가 대표적입니다.

'트래시 아일스'가 국가이긴 하지만 실체가 있는 것은 아니고 하나의 상징입니다. 응당 국가라면 있을 행정과 법체계가 '트래시 아일스'엔 아예 없기에, 실제로 해양 플라스틱 문제를 해결하기 위해서는 국제 사회의 공조가 필수적입니다. 이에 따라 유엔환경총회(UNEA)와 G7, G20 등 다양한 국제회의에서 해양 쓰레기 문제의 해법을 찾는 노력을 꾸준히 하고 있습니다.

그 결과 2017년 7월 독일 함부르크에서 열린 주요 20개국(G20) 정상회의는 'G20 해양 쓰레기 행동계획'을 합의하였고, 이것을 기반으로 2019년 6월 '해양 플라스틱 쓰레기 (퇴치) 행동을 위한 G20 이행 프레임워크'가 만들어졌습니다. 유럽연합(EU) 또한 2019년 이사회 지침을 통해 플라스틱 사용을 줄이고 폐기물 증가를 막아야 한다는 정책을 공식화했습니다. 지속가능하고 독성이 없는 재사용 제품을 우선하여 쓰도록 관련 시스템과 제도를 확보하는 것이 정책의 핵심입니다.

G20 국가들은 해양 쓰레기 정책을 수립하고 정보를 공유하기로 합의해 2019년부터 매년 해양 쓰레기 대응 조치를 담은

'트래시 아일스'의 공식 국기 ©DAL&MIKE

G20 보고서를 발간하고 있습니다. 2차, 3차 보고서에는 G20 외 다른 국가들의 조치도 담겼습니다. 해양 쓰레기를 줄이기 위한 국제 합의에 동의한 국가들의 60퍼센트 이상이 일회용 플라스틱 사용의 축소와 폐기물 관리 및 재활용 시스템 개선, 강과 해안의 지속적인 정화 활동을 수행했습니다.

　국가들은 육지에서, 또는 강과 호수를 통해 바다로 흘러들어 가는 플라스틱과 미세플라스틱을 줄이는 데 합의하고 이 합의를 실천하기 위한 노력을 계속했습니다. 그중에서 영국은 2021년에 플라스틱 포장 용기를 만들 때 재활용 플라스틱이 30퍼센트 이상 포함되도록 하고 30퍼센트 미만이면 세금을 부과하는 제도를 도입했습니다.

다만, 각 국가는 자국 영해로 플라스틱이 들어가는 것을 막기 위한 노력은 하고 있지만, GPGP를 비롯해 자국 영해 밖에 있는 대양의 거대 쓰레기 지대 청소에는 특별한 관심을 기울이지 않습니다. 태평양과 같은 대양에 상상조차 할 수 없는 규모의 거대 쓰레기 섬들이 생긴 건 사실상 모든 국가의 책임이지만, 오히려 그런 이유로 어느 국가도 영해 밖으로 나와 적극적으로 책임지려고 하지 않습니다. 모두의 책임은 아무의 책임도 아니라는 역설의 현장입니다.

플라스틱과의 싸움

아무도 책임지지 않는 GPGP의 천문학적 규모 플라스틱 쓰레기에 맞서서 해결책을 찾는 이들은 2013년에 설립된 오션 클린업과 같은 비영리 단체가 대부분입니다. 오션 클린업은 바다로 직접 뛰어들어가 해양 플라스틱 쓰레기를 없애는 환경 투사입니다. 오션 클린업과는 다른 방식으로 해양 플라스틱 문제를 전 세계에 알린 투사도 있습니다. '트래시 아일스'

미래 세대를 위한 기후 위기를 이겨 내는 상상력

를 유엔 회원국으로 만드는 데 크게 이바지한 플라스틱 오션 파운데이션과 래드바이블이지요. 이 단체들은 시민사회나 국가의 범위를 벗어나 활동하고 있습니다. 지구를 대상으로 상상력을 발휘하여 모든 인류의 숙제인 해양 플라스틱 쓰레기와 미세플라스틱 문제 해결에 진전을 이뤘습니다. 오션 클린업이 기술 측면에서 상상력을 극대화했다면 나머지 두 단체는 국제정치 무대에서 기발한 아이디어를 제안해 관철했습니다.

그린피스에 따르면 플라스틱의 매립, 소각, 재활용까지 전 과정에 걸쳐 새 플라스틱 1톤당 평균 약 5톤의 온실가스를 배출한다고 합니다. 그럼에도 플라스틱 생산량은 줄지 않고 날이 갈수록 큰 폭으로 늘고 있습니다. 플라스틱의 폐해는 생태계와 인간 건강을 위협하는 데 그치지 않습니다. 기후 위기의 주범인 온실가스 배출량을 늘리는 데에도 한몫하고 있습니다.

플라스틱과 싸움은 지구 온난화 및 기후 위기와의 싸움이기도 합니다. 우리 삶에 너무 깊숙이 들어와 있어 떼어 놓는 게 불가능해 보이는 플라스틱. 이제는 헤어질 결심을 해야 할 때입니다.

쓰레기로 만든 선글라스

　해양 플라스틱 쓰레기 제로를 목표로 활동하는 국제 비영리 단체 오션 클린업에서 2020년 10월에 해양 플라스틱 쓰레기를 재활용해 만든 선글라스를 출시했습니다. 이 선글라스는 안경의 프레임은 물론 케이스, 파우치까지 모두 해양 플라스틱 쓰레기를 사용해 만들었습니다. 선글라스 수명이 다하면 다시 재활용할 수 있다고 합니다. 그 가격은 199달러, 그러니깐 한화로 25만 원이 넘습니다.

　이 '오션 클린업 선글라스'는 오션 클린업이 현재 진행 중인 해양 쓰레기 제거 프로젝트의 운영비를 마련하는 것과 함께 해양 플라스틱 쓰레기 문제의 심각성을 알리겠다는 목적 아래 제작되었습니다. 오션 클린업이 태평양에서 수거한 플라스틱

　　　　　미래 세대를 위한 기후 위기를 이겨 내는 상상력

오션 클린업 선글라스 ⓒ오션 클린업

쓰레기를 활용하여 만든 첫 번째 상품입니다.

'오션 클린업 선글라스'는 고전적인 모양에 짙은 남색입니다. 세계적으로 저명한 산업 디자이너인 스위스의 이브 베하가 디자인을 맡았습니다. 베하는 "바다의 아름다움을 흉내 내고 그 재료의 기원을 말하는 듯한 푸른색으로 자연스럽게 표현하는 것이 중요했다."고 말했습니다.

이 선글라스 하나를 사는 것으로 GPGP에서 축구장 24개 면적을 청소하는 효과를 거둘 수 있습니다. 이러한 배경 이야기를 알면 이 선글라스의 값이 결코 비싸지 않다고 생각할 것입니다.

쓰레기 수거 작전

해양 플라스틱 오염은 700여 종의 해양 생물에게 영향을 줍니다. 해양 생물에 미친 독성 오염 물질이 먹이 사슬을 통해 인간에게 고스란히 전해진다는 사실 또한 널리 알려져 있습니다. 건강 문제를 뺀 단순한 경제적 비용도 엄청납니다. 오션 클린업이 회계 법인 딜로이트와 공동으로 수행한 2018년 연구에 따르면 해안을 낀 87개 국가에서 해양 플라스틱 오염으로 발생하는 경제적 비용은 연간 최대 200억 달러에 육박합니다. 어업 및 양식업, 관광 산업에서 발생하는 폐플라스틱 정화 비용과 플라스틱 오염으로 인한 소득의 손실을 함께 계산한 것입니다. 다만 여기에는 생태계 피해와 인간 건강에 미치는 연쇄 효과가 포함되지 않았습니다. 실제 비용은 훨씬 더 크다는 얘기입니다.

이미 바다에 유입된 플라스틱의 양이 엄청나고, 한번 GPGP의 회오리에 갇힌 플라스틱이 천천히 분해되면서 만들어진 미세플라스틱은 없애기 어렵습니다. 오션 클린업은 GPGP의 해양 플라스틱 쓰레기를 제거하는 기술을 개선하는 것과 함께

미래 세대를 위한 기후 위기를 이겨 내는 상상력

플라스틱 쓰레기가 강을 통해 바다에 유입되는 것을 막는 방법을 찾는 데에 큰 노력을 기울이고 있습니다.

오션 클린업의 설립자 보얀 슬랫은 더 많은 플라스틱이 바다로 흘러드는 것을 막아야 할 뿐만 아니라, 바다에 이미 존재하는 플라스틱 쓰레기를 적극적으로 청소해야 한다고 생각합니다. 청소를 서둘러야 하는 이유로, 분해 과정을 거치며 플라스틱의 부력이 사라지면 부력 때문에 바다 위에 떠 있던 미세 플라스틱이 바다의 깊은 곳으로 가라앉아 영구적으로 바다를 오염시킬 것이기 때문입니다.

지금이라도 플라스틱이 더 흘러들어 가지 못하게 막는다면 대부분 바다가 스스로 정화하겠지만, 오염 수준이 다른 곳보다 심한 GPGP는 그곳에서 떠도는 기존 쓰레기를 없애지 않고는 복원될 수 없습니다.

그러나 선박을 통해 바다 위의 쓰레기를 제거하는 기존 방식으로는 GPGP를 청소하는 데 수천 년이 걸릴 수 있으며 수십억 달러의 비용이 들 것으로 예상됩니다. 오션 클린업의 계산에 따르면 GPGP의 약 1퍼센트를 청소하는 데에만 1년에 67척의 선박이 필요합니다.

오션 클린업은 이 문제를 해결하기 위해 새로운 해양 플라스틱 포획 장치를 개발하여 계속 성능을 개선하고 있습니다. 물

오션 클린업의 인공 해안선 ©오션 클린업

에 뜨는 부유식 튜브를 해안선처럼 길게 배치한 뒤 해류가 일
으키는 소용돌이 현상을 이용해 떠다니는 쓰레기들이 배치된
선 안으로 모이도록 하는 구상입니다. 개발한 시제품 중 하나
인 '시스템 002'는 2021년 7~12월 가동되어 5개월에 4만 273
킬로그램의 플라스틱 쓰레기를 수거했습니다. 부유식 튜브
를 이용하여 만든 U자형 인공 해안선으로 쓰레기 수거가 가능

미래 세대를 위한 기후 위기를 이겨 내는 상상력

하다는 사실을 증명한 셈입니다. 2022년 3월부터는 '시스템 002'의 크기를 키운 '시스템 03'이 개발되어 가동 중입니다.

이 작업은 모두 4단계로 구성됩니다. 첫 번째는 넓디넓은 GPGP에서 작업할 지점을 찾는 단계입니다. 오션 클린업이 개발한 알고리즘이 여러 가지 요인을 분석해 많은 플라스틱 폐기물이 모이는 '핫 스폿'을 찾아내는 단계입니다. 두 번째는 폐플라스틱을 모으는 포집 단계입니다. 선박 두 척이 이끄는 U자형 인공 해안선은 플라스틱 폐기물을 바다에서 걷어 내는 그물 역할을 합니다. U자형 인공 해안선의 양쪽 끝을 잡고 그물을 펼친 모양으로 운항하는 두 척의 선박은 정상 운항 속도의 절반 정도인 약 1.5노트로 느리게 이동합니다. U자형 인공 해안선에 들어온 쓰레기들 사이를 순환하는 조류는 이리저리 쓰레기들을 끊임없이 움직여 U자의 바닥에 해당하는 가운데로 모아줍니다. 이곳이 이렇게 모은 해양 플라스틱 쓰레기를 바다 밖으로 끄집어내는 출구이자 포집의 입구가 됩니다.

포집의 입구로 모인 쓰레기는 이곳에 연결한 정리용 그물 안으로 흘러들어 가 차곡차곡 쌓이게 됩니다. 목표한 양에 도달하면 정리용 그물의 입구를 막아 다른 선박에 올립니다. 그런 작업을 반복하여 쓰레기가 모일 만큼 모이면 선박이 마침내 육지로 이동합니다. 이것이 세 번째 단계인 추출입니다. 마

오션 클린업이 태평양에서 수거한 해양 쓰레기 ⓒ오션 클린업

지막 단계로 전체 작업을 모두 포함한 용어이기도 한 수거는, 작업의 의미를 좁히면 육지에서 이뤄지는 공정입니다. 수거한 해양 폐기물 중 일부를 재활용하는데 '오션 클린업 선글라스'가 대표적입니다.

오션 클린업에 따르면 인공 해안선을 핵심으로 한 해양 플라스틱 쓰레기 제거 시스템은 직경 1밀리미터에 불과한 작은 조각부터 길이가 수십 미터에 달하는 유령 그물과 같은 큰 플라스틱 폐기물까지 다양한 플라스틱 쓰레기를 포획하도록 설계되었습니다. 작업 도중에 인공 해안선의 차단막이 물고기나 거북이 등 해양 생물에게 해를 끼치지 않도록 느린 속도로 이동하는 것은 물론 차단막 아래에 이들이 빠져나갈 통로를 만들어 놓았다고 합니다. 세계의 모든 거대 해양 플라스틱 쓰레기 지대에 오션 클린업의 '함대'가 배치되고 동시에 강에서 바다로 흘러드는 플라스틱 쓰레기가 줄어들면 2040년까지 전 세계 해양 플라스틱 쓰레기의 약 90퍼센트가 사라질 수 있다고 오션 클린업은 예상합니다. 포획 장치의 크기를 계속 키우고 기술도 향상하면서 오션 클린업은 '90퍼센트 제거'라는 야심 찬 목표를 달성하려고 오늘도 무척 애쓰고 있습니다.

밑 빠진 독에 밑 만들기

그러나 일부 전문가들은 오션 클린업의 해양 청소 활동이 밑 빠진 독에 물 붓기와 비슷해 폐플라스틱이 바다로 흘러들어 가는 것을 막지 않는 한 활동 효과가 미미할 것이라고 지적합니다. 효과가 크지 않은 사업에 수천억 원이나 되는 막대한 돈을 쓰는 게 비효율적이라는 비판입니다. 플라스틱의 바다 유입을 막는 체계를 만드는 대신 온실가스를 방출하는 선박에 의존하여 해양 플라스틱 쓰레기 문제를 해결하겠다는 발상은 비효율적일 뿐 아니라 비현실적이라고 보는 시각이 있는 것이죠. 원하는 만큼 성과를 거두는 데에 터무니없이 긴 시간을 들여야 할지 모른다고 우려합니다. 미국진보센터의 해양 담당 이사인 미리엄 골드스타인은 "바다를 살리는 가장 좋은 방법은 애초에 플라스틱이 바다로 들어가는 것을 막는 것"이라고 단언합니다.

오션 클린업은 GPGP에서 인공 해안선을 가동해 '응급' 활동을 벌이는 동시에 밑 빠진 독에 물 붓기라는 비판을 받아들여 밑 빠진 독에 밑을 만드는 일도 하고 있습니다. 해양 플라스틱 쓰레기의 주요한 유입 경로인 강이, 흘러오며 품고 온 쓰레기를 바다에다 풀어 버리기 전에 강과 바다가 만나는 지점에서 쓰레기를 가로채기로 한 거죠. 가로챈다는 의미 그대로 '인터셉터(Interceptor)'로 명명된 이 시스템은 해양 플라스틱 쓰레기 제거 시스템과 비슷하게, 강에서 바다로 이어지는 길목에 U자의 고정형 '인터셉터 장벽(Interceptor Barrier)'을 만들어 강물을 타고 흘러온 플라스틱 쓰레기가 바다로 들어가기 직전에 '가

미래 세대를 위한 기후 위기를 이겨 내는 상상력

오션 클린업이 강에서 바다로 유입되는 플라스틱 쓰레기를 제거하기 위해 개발한
'인터셉터' ⓒ오션 클린업

로채' 수집선으로 모아 옵니다.

강에서 바다로 나가는 길목을 완전히 막아 놓은 뒤 그곳에
서 쓰레기를 수집하기에 넓은 바다에서 쓰레기를 처리하는 것
보다 당연히 더 효율적입니다. 쓰레기를 모아 오는 수집선을
태양광으로 움직이게 하는 등 첨단 기술을 적용해 환경오염을
최소화하고 있습니다.

'인터셉터'는 인도네시아, 말레이시아, 도미니카 공화국, 베

2 쓰레기로 만든 선글라스

트남의 4개 지역에 처음 공급되었고, 지구상에서 가장 오염이 심한 강으로 꼽히는 과테말라의 리오 모타과('리오'는 강이란 뜻. 우리말로 정확하게 번역하면 모타과강이다) 어귀에는 '인터셉터 트래시펜스(Interceptor Trashfence)'라는 새로운 버전의 '인터셉터'를 설치하였습니다. 2022년 5월 리오 모타과 유역에 배치된 '인터셉터 트래시펜스' 최신 버전인 '인터셉터 006'은 너비 50미터, 울타리 높이 8미터, 그물망 3미터의 규모로 제작되었습니다. 리오 모타과를 통해 카리브해로 쏟아져 들어가는 플라스틱은 연간 약 2만 톤으로 강을 통한 전 세계 해양 플라스틱 유입량의 1~2퍼센트를 차지합니다. 오션 클린업은 리오 모타과를 비롯해 오염이 심한 세계 전역 1000개 강에 '인터셉터'를 설치해 플라스틱 쓰레기의 해양 유입을 아예 뿌리에서 막으려는 포부를 갖고 있습니다.

강 중에는 리오 모타과가 제일 악명이 높다면, 기업에서는 코카콜라가 플라스틱 쓰레기를 가장 많이 배출하는 곳으로 알려져 있습니다. 코카콜라에는 세계에서 가장 큰 플라스틱 오염원이라는 나쁜 이미지가 따라다닙니다. 페트병 문제로 고민이 많은 코카콜라는 사회공헌 프로그램의 하나로 오션 클린업의 글로벌 파트너가 돼 '인터셉터 프로젝트'를 후원하고 있습니다. 코카콜라는 오션 클린업과 협력해 오염이 심한 전 세계 15개 강에 인터셉터를 배치하여 강을 청소할 계획입니다.

'쓰레기 먹는 상어'와 '플라스틱 뱅크'

랜마린 테크놀로지(RanMarine Technology)는 오션 클린업과 다른 방식으로 해상 또는 수상 플라스틱 쓰레기를 처리하는 네덜란드 기업입니다. 이 회사 대표 제품은 '쓰레기 먹는 상어'라는 뜻의 '웨이스트 샤크(WasteShark)'입니다. 산업용 자율 수상선박(ASV: Autonomous Surface Vessel)을 설계·개발하는 기업인 랜마린 테크놀로지는 이 기술을 이용해 수면을 떠다니며 쓰레기를 먹는 선박, 즉 '웨이스트 샤크'를 만들어 냈습니다.

'웨이스트 샤크'의 제원(諸元: 기계류의 치수, 무게 따위의 성능과 특성을 나타낸 수적 지표)은 157×52×109센티미터 크기에 무게는 72킬로그램입니다. 최대 속도는 1시간당 3킬로미터이고 태양광 전지로 움직이며, 한번 충전하면 8시간 정도 작동합니다. 하루에 해양 폐기물 500킬로그램을 수거할 수 있습니다.

'웨이스트 샤크'가 기존 해상 또는 수상 폐기물 수거 방식과 비교해 뛰어난 점은 좁은 공간에서도 폐기물을 모을 수 있다는 것입니다. 강이나 수로에는 물의 흐름에 따라 쓰레기가 한

웨이스트 샤크의 모습 ©RanMarine Technology

데 모여 엉기는 곳이 있는데, '웨이스트 샤크'는 쓰레기가 모여 엉기는 이 병목 지점에서 활동하기에 편하게 설계됐습니다. 또 덩치가 작아서 좁은 공간에서 움직이는 데에 편리합니다. 상대적으로 비용이 적게 들고 유지 관리가 쉬운 것이 장점입니다. 선체에 부착한 여러 센서를 통해 수상 환경을 조사하고 데이터베이스화해 관리할 수 있는 것은 큰 강점입니다.

랜마린 테크놀로지와 오션 클린업이 해양 플라스틱 쓰레기 수거의 효율과 효과를 추구했다면, 플라스틱 뱅크(Plastic Bank)는 바닷가에서 폐플라스틱을 없애면서 사회적 가치를 함께 실현한 사례라고 할 수 있습니다. 플라스틱 뱅크는 가난한 나라의 바닷가 지역 주민과 협력 관계를 만들어 그들이 해변에서

미래 세대를 위한 기후 위기를 이겨 내는 상상력

플라스틱 쓰레기를 모아 오면 필요한 물건이나 서비스를 구매할 수 있는 일종의 가상 화폐를 줍니다. 폐플라스틱을 모아 온 빈곤층 주민에게 현금을 줘서 일시적인 어려움을 해결하는 것에 그치기보다는 그들이 그 돈으로 새로운 사업을 시작할 기회를 얻게 되기를 바랍니다. 가상 화폐로 이용할 수 있는 플라스틱 뱅크의 서비스에는 학비 지원, 의료보험, 와이파이(Wi-Fi), 의약품 등 삶의 질을 개선할 계기를 마련해 줄 만한 내용이 많이 포함돼 있습니다. 현재 플라스틱 뱅크는 필리핀, 인도네시아, 브라질, 이집트에서 사업을 벌이고 있으며 향후 카메룬과 태국으로 사업 지역을 넓힐 계획입니다.

플라스틱 뱅크는 이렇게 모은 폐플라스틱을 재활용 플라스틱 원료로 가공해 '소셜 플라스틱(Social Plastic)'이란 브랜드로 기업에 판매합니다. 이 판매 수익은 해안가 빈곤층 주민을 돕는 재원이 됩니다. '소셜 플라스틱'을 계속 구매해 플라스틱 뱅크의 사회적 가치 실현을 돕는 기업이 적지 않습니다. 종합 생활용품 업체인 미국의 SC존슨과 독일의 헹켈, 이탈리아의 포장 업체 카튼팩 등 전 세계의 많은 기업이 플라스틱 뱅크의 취지에 공감한 열렬한 고객이자 후원자입니다.

꿀벌이 사라지면
인류도 멸종할까

2022년 봄 전국에서 꿀벌이 사라지는 현상이 발생했습니다. 한국양봉협회가 2021년 10월부터 2022년 3월 2일까지 전국 양봉협회 소속 농가를 대상으로 꿀벌 실종 피해를 조사한 결과 4159개 농가의 38만 9045개 벌통에서 피해가 있었습니다. 협회에 등록된 전체 양봉 농가(2만 3582곳)의 17.6퍼센트가 피해를 봤습니다. 평균적으로 벌통 하나에 2만 마리의 꿀벌이 사니 조사 기간에만 대략 77억 8090만 마리 이상의 꿀벌이 사라진 셈입니다.

꿀벌 개체 수 감소는 한국뿐 아니라 세계 곳곳에서 확인됩니다. 2006년 10월 미국 펜실베이니아주에서 꿀벌이 갑작스

미래 세대를 위한 기후 위기를 이겨 내는 상상력

럽게 집단으로 폐사하는 군집 붕괴 현상(CCD: Colony Collapse Disorder)이 처음 보고됐습니다. CCD는 꿀과 꽃가루를 채집하러 나간 일벌 무리가 돌아오지 않아 벌집에 남은 여왕벌과 애벌레가 떼로 죽는 현상을 말합니다. 다음 해인 2007년 미국 캘리포니아주에서도 벌통의 50~90퍼센트에서 꿀벌이 사라지는 CCD 사례가 보고됐습니다. 플로리다, 텍사스, 오클라호마 등 다른 주에서도 피해가 잇따랐습니다.

같은 해 포르투갈, 이탈리아, 스페인, 그리스, 독일, 폴란드, 프랑스 등 유럽 국가들 역시 CCD를 겪었습니다. 2006~2008년 미국과 유럽 지역에서 나타난 가을에서 겨울 사이 꿀벌 개체 수 감소 비율은 정상적인 수준으로 여겨지는 10~20퍼센트를 훨씬 웃돌았습니다.

꿀벌과 함께 식물의 수분에 크게 기여하는 야생벌 역시 위기에 처해 있습니다. 북미와 유럽의 호박벌 66종을 조사한 2020년 《사이언스》 논문에 따르면 1901년에서 1974년 사이에 호박벌 개체 수는 북미 지역에서 46퍼센트, 유럽에서 17퍼센트 줄었습니다. 세계자연보전연맹(IUCN)은 유럽 야생벌 종의 9.2퍼센트가 멸종 위기에 처했으며, 이 중 5.2퍼센트 포인트가 가까운 미래에 멸종할 가능성이 크다고 2015년에 진단했습니다. IUCN은 더 중요한 사실을 말했는데, 유럽 야생벌

종 가운데 56.7퍼센트에 대해 자료 부족으로 멸종 위험성 자체를 평가할 수 없었다고 전했습니다. 야생벌 10종 가운데 한 종이 멸종 위기에 처했을뿐더러 나머지 9종 가운데 5종 이상의 미래를 전혀 모른다는 뜻입니다.

꿀벌은 왜 모습을 감추었을까

서식 환경 악화

IUCN은 수십 년 안에 전 세계에서 꽃 2만 종이 사라질 것으로 예측합니다. 꿀벌 먹이가 줄어든다는 얘기입니다. 충분한 영양분 확보가 점점 어려워지는 상황에서 꿀벌을 노리는 외부 위협 요소는 오히려 늘어나고 있습니다.

건강하지 않은 생태계는 화분 매개 동물(수분, 즉 꽃가루받이가 이루어질 수 있도록 꽃가루를 나르는 역할을 하는 동물. 대부분 곤충이 담당함)에게 악영향을 미치는 기생충의 발달을 촉진할 수 있습니다. 진드기의 일종인 꿀벌응애는 전 세계 양봉 농가의 가장 큰 고민거리입니다. 꿀벌 체액을 먹는 꿀벌응애는 그 과정에서 바이러스성 질병과 박테리아를 퍼뜨립니다. 특별한 조치를 하지 않으면 3년 안에 벌통이 폐사하고 맙니다. 1904년 동남아시아에서 처음 발견된 이후 현재는 전 세계 대부분 지역에서 꿀벌응애가 확인됩니다.

남아프리카가 원산지인 작은벌집딱정벌레는 꿀벌응애와 함께 대표적인 꿀벌 해충으로 미국에서는 1998년에 처음 발견되었습니다. 이집트, 호주, 브라질 등 온난하고 습도가 높은 지역에서 주로 나타납니다. 성충과 애벌레가 벌집을 갉아먹고 배설물로 꿀을 부패시켜 벌집을 회복 불능 상태로 만든다고 합니다. 다른 봉군(벌의 무리)으로 쉽게 퍼지기도 해 양봉 농가에 큰 피해를 줍니다. 우리나라에서는 2016년 9월 경남 밀양에서 최초로 확인되었습니다.

식물 감소와 더불어 대기오염이 꿀벌의 생태에 나쁜 영향을 미칩니다. 자동차 배기가스 등 공기 중에 퍼져 있는 오염물질은 꽃이 곤충을 유인하기 위해 만들어 낸 화학물질의 확산을 방해하고 냄새를 덮어 버립니다. 따라가야 할 흔적을 지운 셈이어서 곤충의 먹이활동이 어려움에 처합니다. 2010년에 발표한 유엔환경계획(UNEP)의 보고서에 따르면 1800년대에는 꽃향기가 꽃이 핀 곳에서 800미터 이상 먼 곳까지 퍼졌지만, 지금은 퍼지는 반경이 200미터 이내로 줄어들었습니다. 또한 TV, 핸드폰, 전력 등을 사용하느라 인류 문명이 부수적으로 만들어 낸 전기장과 자기장이 꿀벌이 비행하는 데 방해가 될 수 있습니다.

기후 변화에 따른 꿀벌의 활동 변화

국내외 많은 연구자가 꿀벌 폐사 및 실종의 주요 원인으로 기후 변화를 꼽습니다. 기후 변화의 핵심은 기온의 변화여서 온도에 민감한 꿀벌의 행동양식을 크게 좌우하게 됩니다. 꿀벌에겐 발육 정지 온도, 늦가을 월동 봉군 형성 온도, 월동 봉군 내부 온도, 여왕벌 산란 온도, 먹이활동 및 자유비행 가능 온도 등 행동의 기준과 범위가 정해져 있습니다. 오스트리아 연구진이 월별 기후와 겨울철 꿀벌 사망률 사이의 상관관계를 조사한 결과 겨울 막바지인 2월에 급작스럽게 평소보다 기온이 낮아지면 꿀벌 폐사율이 높아졌습니다.

꿀벌 사망과 관련이 높은 기후 현상은 극한 한파, 온화한 겨울 날씨(1~2월 기온 영상 5도 이상)라는 게 또 다른 연구에서 밝혀집니다. 3월 서리 일수도 꿀벌 폐사율과 상관성이 높습니다. 여름이 길어지는 '오버섬머(Over Summer)' 현상이 발생하면 '겨울 벌'로 전환이 늦어져 제대로 월동 준비를 하지 못한 채 힘겨운 계절을 맞은 '겨울 벌'이 취약해지면서 여러 위험에 노출됐습니다. 기후 변화는 꿀벌에 치명적인 영향을 미치는 꿀벌응애 같은 병해충 피해 또한 증가시키는 것으로 나타났습니다.

미래 세대를 위한 기후 위기를 이겨 내는 상상력

꿀벌의 죽음 ⓒ픽사베이

무분별한 살충제 사용

농경지, 주거용 정원, 휴양지, 숲 등에 많은 종류의 살충제가 사용되고 있습니다. 넓은 범위에 대량으로 뿌려진 살충제는 식물의 뿌리, 줄기, 꽃에 흡수돼 해충뿐 아니라 꿀벌 같은 익충에까지 독성을 드러냅니다. 살충제에 만성적으로 노출된 꿀벌은 면역 체계 약화와 꿀을 모으는(채밀) 능력의 이상을 겪을 수 있습니다. 연구 결과 살충제 중 이미다클로프리드(IMI), 클로티아니딘(CLO), 티아메톡삼(THM) 같은 네오니코티노이드(Neonicotinoid)계가 높은 독성을 보였습니다. 언급한 살충제는 널리 쓰이는 제품입니다.

고양이, 물고기, 쥐, 토끼, 새, 지렁이 같은 동물을 대상으로 실험한 결과 살충제에 든 화학물질이 방향감각 상실, 기억력과 뇌의 장애 등을 일으키며, 심하게는 동물을 죽음으로 몰 수 있다는 사실이 밝혀졌습니다. 특히 네오니코티노이드계가 특정 살균제와 결합했을 때 독성이 1000배 이상 높아지는 것으로 보고되어 심각한 우려를 낳았습니다.

네오니코티노이드계 농약은 꿀벌을 사라지게 만드는 원인으로 지목돼 EU는 2018년에 네오니코티노이드계 농약 3종(CLO, IMI, THM)의 실외 사용을 금지했습니다. 미국 캘리포니아주도 2022년 2월 네오니코티노이드계에 속한 57개 살충제 제품의 사용을 금지했습니다. 미국 환경운동의 어머니로 불리는 생태학자 레이첼 카슨이 1962년에 출간한 『침묵의 봄』을 새삼 기억하게 됩니다. 살충제가 생태계에 미치는 영향을 이야기하고 경고한 책입니다.

양봉 자체의 폐해

2010년까지 양봉과 관련해 알려진 병원균은 바로아병, 노세마병, 부저병 등과 관련한 29개입니다. 그중 일부는 최근 봉군 폐사 연구의 초점이 되고 있습니다. 새롭고 더 치명적인 병

미래 세대를 위한 기후 위기를 이겨 내는 상상력

원균 변종이 전 세계적으로 보고되고 있는 상황입니다.

　양봉 농가는 병충해를 예방하기 위해 항생제와 화학물질을 벌집에 사용합니다. 1904년 동남아시아에서 꿀벌응애가 처음 발견되고 제법 긴 시간이 지난 1980년대에 유럽과 북아메리카에 도달하자 이 지역 양봉 농가는 꿀벌응애를 퇴치하려고 벌집에 살충제를 사용합니다. 그렇지만 결과적으로 꿀벌응애를 물리치지 못했습니다. 현재 전 세계에서 여전히 꿀벌응애가 기세를 떨치고 있는 것에서 확인되지요. 쿠마포스와 플루발린에이트 등 다양한 살충제가 벌집에서 검출되고 있고 이들은 꿀벌까지 위협합니다. 벨기에 연구팀은 꿀벌응애 방제와 꿀벌 폐사 사이에 직접적인 연관이 있다고 밝혔습니다. 살리려고 노력해도 죽고 내버려 둬도 죽는 진퇴양난 상황입니다.

　양봉 중에서 이동 양봉은 꿀벌 폐사율을 더 높입니다. 미국엔 작물 수분을 위한 이동식 양봉이 발달해 있습니다. 트럭 한 대당 벌 2000만 마리 이상이 실리며, 매년 200만 개 이상의 벌통이 아메리카대륙을 가로지릅니다. 장시간·장거리 이동으로 인한 활동 제한과 갑작스러운 온도 변화는 벌에게 스트레스를 줄 수밖에 없습니다. 벌집의 위생 관리가 어렵고 외래 질병에 노출될 가능성이 커져 이동식 양봉은 꿀벌 폐사율을 높이게 됩니다. 이동 후에 봉군 폐사율이 종종 10퍼센트에 이르기도 합니다.

꿀벌의 수명 단축

미국 메릴랜드 대학 데니스 반엔겔스도르프 교수(곤충학 전공)가 이끄는 연구팀은, 농약이나 기생충, 질병 등 환경 변수가 통제된 실험실에서 자란 꿀벌의 수명이 절반이나 줄어들었다는 연구 결과를 2022년 11월 과학 저널 《사이언티픽 리포트》에 발표했습니다. 연구팀은 표준화 절차에 따라 꿀벌 봉군에서 24시간이 안 된 번데기를 수집해 부화 장치를 거쳐 실험실 우리 안에서 사육했습니다. 실험 결과 1970년대에 평균 수명이 34.3일이었으나 현재는 17.7일에 그쳤습니다. 50년 사이에 꿀벌의 수명이 절반으로 줄어든 게 확인됐습니다.

실험실 환경이 자연 봉군 상태와 크게 다름에도 불구하고 실험실 꿀벌의 수명이 자연 상태 꿀벌과 비슷하다는 사실이 확인되고 있어서 반엔겔스도르프 교수 팀의 연구는 의미가 있습니다. 꿀벌 수명 50퍼센트 단축이 봉군에 미치는 영향을 연구팀이 컴퓨터 모델로 분석한 결과 약 33퍼센트의 손실을 나타냈습니다. 지난 14년간 양봉 농가가 매년 평균 30~40퍼센트 꿀벌 손실을 기록하였기에 이 분석 결과는 원인을 설명하는 방법의 하나로 주목할 만합니다. 다만 왜 수명이 줄어들었

미래 세대를 위한 기후 위기를 이겨 내는 상상력

는지는 아직 해명되지 않았습니다.

생태계와 세계 경제가 흔들린다

유엔식량농업기구(FAO)의 2009년 연구에 따르면 벌은 전 세계 식량의 90퍼센트를 공급하는 농작물 100여 종 가운데 71종의 수분을 돕습니다. 유럽에서만 농작물 264종의 84퍼센트가 화분 매개 동물에 수분을 의존하며, 4000여 품종의 채소가 벌의 수분 작용을 필요로 합니다. 아몬드, 블루베리 등 화분 매개 동물에 수분을 의존하는 작물 1톤의 생산 가치는 그렇지 않은 작물보다 대략 5배가 높습니다. 전 세계 식량 생산에서 벌을 포함한 화분 매개 동물의 기여는 1530억 유로(약 270조 원)로 추정되며, 이 금액은 전 세계 모든 식량 생산을 가치로 환산한 것의 9.5퍼센트에 해당합니다. 벌은 여기서 대략 228억~570억 유로(약 32조~80조 원)의 가치를 생산하는 것으로 추정됩니다. 화분 매개 동물 중 벌의 경제적 가치가 가장 높습니다.

우리나라 100대 농작물 중 38~42종이 화분 매개 동물에 의존한다고 합니다. 그중 오미자, 다래 등 일부 작물에서 수분

과정은 필수적입니다. 범위를 주요 75종 작물로 좁히면 그중 39종이 화분 매개 동물 의존 작물로 분류됩니다. 이 작물들은 전체 농경지 129만 헥타르 중 28만 헥타르(21.7퍼센트)에서 재배되고, 생산 가치로는 농작물 총생산액 24조 7000억 원 중 9조 9700억 원(40.3퍼센트)을 차지합니다. 이 중 화분 매개 곤충의 경제적 기여가 5조 원으로 추정됩니다. 전체 5조 원 중 약 4분의 3이 꿀벌, 나머지 4분의 1은 야생벌의 기여로 평가됩니다.

2010년을 기준으로 그전 50년 전과 비교하여 수분과 무관한 작물의 규모는 세계 시장에서 2배로 성장한 반면 수분이 필요한 작물은 4배로 성장했습니다. 농업에서 화분 매개 동물 의존도가 높아지면서 꿀벌의 중요성이 더욱 커지고 있습니다.

식물의 수분은 생태계와 인간 사회에 필수적입니다. 수분은 종자식물에서 수술의 화분이 암술머리에 붙는 일로, 식물이 열매와 씨앗을 형성하도록 합니다. 수분이 잘된 식물은 더 크고 좋은 형태의 열매를 맺으며 발아 능력이 향상돼 더 많은 씨앗을 퍼뜨릴 수 있습니다. 특히 수분이 원활하게 이뤄지면 꽃에서 열매로 발달하는 시간이 줄어 열매가 해충, 질병, 악천후, 농약에 노출될 가능성이 작아지고 식물의 생장에 필요한 물을 절약할 수 있다고 합니다.

견과류를 비롯하여 특정한 작물은 화분 매개 곤충이 없으면

수확량이 90퍼센트 이상 줄어든다고 합니다. 흥미롭게도 화분 매개 곤충의 해부학적 구조와 꽃의 구조는 상호 협력할 수 있는 형태로 진화했습니다. 이러한 진화 방식은 한 종의 위기가 필연적으로 다른 종의 생존을 위협하게 된다는 것을 의미합니다. 수분을 책임지는 화분 매개 곤충의 활동성은 생태계 보전과 세계 경제 유지에 핵심적입니다. 꿀벌은 살펴보았듯 여러 화분 매개 곤충 중에서 경제적 가치가 가장 큰 생명종입니다. 미국 하버드 공중보건 대학의 사무엘 마이어 교수 연구팀은 2015년 국제 학술지 《란셋》에 발표한 논문에서, 꿀벌이 사라지면 식량난과 영양실조로 한 해에 142만 명이 사망할 것으로 예측했습니다.

꿀벌은 화분 매개 기능 외에 벌꿀, 프로폴리스 등 양봉 산물을 생산합니다. 인간 삶에서 중요한 것들입니다. 2017년 전세계 벌꿀 생산량은 240만 톤으로 그중 중국이 전체 생산량의 22.6퍼센트인 54만 3000톤을 생산해 가장 큰 비중을 차지했습니다. 중국 다음으론 튀르키예 11만 4000톤(4.7퍼센트), 아르헨티나 7만 6000톤(3.2퍼센트), 이란 7만 톤(2.9퍼센트), 미국 6만 7000톤(2.8퍼센트) 순이었습니다. 우리나라의 생산량은 1만 5000톤으로 세계 전체 생산량의 0.6퍼센트 비중이었습니다.

아인슈타인이 하지 않은 말, 그러나…

 세계적 진화생물학자 스티븐 굴드는 진화를 진보라기보다 다양성 증가로 해석합니다. 요즘 지구는 나날이 생물 다양성을 잃는 중입니다. 굴드의 해석에 의존하면 지구는 진화를 멈추었고 오히려 퇴보하고 있다고 봐야 합니다. 그 원인이 인간의 진보 때문이라는 사실은 설명이 필요 없을 듯합니다.

 많은 과일, 견과류, 채소, 콩류, 씨앗 작물이 수분에 의존합니다. 벌이 대부분 지역에서 식물의 수분을 책임지는 매우 중요한 생명종이기에 언론 보도나 인터넷상에 떠도는 "벌이 사라진다면 인간은 4년 안에 멸종할 것"이란 말이 꼭 허무맹랑하게만 들리지 않습니다. 많은 매체가 이 말을 알베르트 아인슈타인이 한 것으로 전하지만 사실이 아닙니다. 아인슈타인은 그런 말을 하지 않았습니다. 하지만 누가 한 경고이든 지금 그 말의 무게는 결코 가볍지 않게 다가옵니다. 꽃과 꽃 사이를 날아다니는 벌이 사라진다는 것은, 그것이 꿀벌이라는 한 생명종의 위기에 국한하지 않고 생물 전체의 위기를 뜻하기 때문입니다.

 벌이 사라진다고 인간이 멸종하지는 않습니다. 꿀벌이 사라지는 것과 꿀벌을 포함한 벌 전체가 사라지는 것 사이에 인간에 미칠 영향력에 차이가 있기는 하겠지만, 크게 보아 결과가 얼추 비슷할 것입니다. 더불어 꿀벌 역시 가까운 어느 날에 느닷없이 전체가 한순간에 사라지는 사태는 일어나지 않을 것입니다. 설령 사라진다고 해도 그 이유로 곧바로 인간이 멸종하지는 않을 것입니다. 하지만 그렇다고 해서 안심해도 좋을까요.

대학수학능력이나 중간고사의 시험 문제와 달리 현실의 문제는 단독으로 성립하지 않고 답 또한 하나가 아닙니다. 꿀벌이 사라진다는 것은 꿀벌을 사라지게 만든 여러 요인이 종합적으로 작용한 결과입니다. 그 많은 요인은 꿀벌뿐 아니라 인간에도 영향을 미칩니다. 분명 부정적 영향일 것입니다. 그런 것이 쌓이기만 하고 전혀 해소되지 않는다면 종국에 인간이라고 멸종하지 말란 법이 없습니다. 지금 (꿀)벌 개체 수가 눈에 띄게 줄어들고 있다면 우리가 그 길의 진입로에 가까워지고 있는 것은 아닌지 심각하게 고민해 봐야 합니다.

포르세가
꿀벌을 키우는 이유

'피나투보 효과'라는 게 있습니다. 1991년 6월 18일 필리핀에서 피나투보 화산이 폭발하면서 100억 톤의 마그마가 분출했고, 화산재가 아프리카 동부 해안까지 퍼질 정도로 폭발의 위력이 대단했습니다. 당시에 폭발하며 생긴 화산재가 공중에 머물며 햇빛을 가린 탓에 이듬해 6월까지 지구 기온이 0.5도나 떨어졌다고 합니다. 화산 폭발로 만들어진 화산재가 태양광을 일부 차단해 지구가 이처럼 차가워지는 현상을 '피나투보 효과'라고 부릅니다.

미국 하버드 대학 프랭크 코이치 교수는 '피나투보 효과'에서 지구 온난화를 완화할 아이디어를 얻었습니다. 인위적으

1991년에 피나투보 화산이 폭발하는 모습.©위키백과

로 '피나투보 효과'를 만들어, 즉 화산재가 태양광을 일부 차
단하는 것과 유사한 효과를 만들어 지구 기온을 떨어뜨려 보
자는 발상입니다. 이렇게 코이치 교수팀의 '스코펙스(SCoPEx)'
가 탄생합니다. 스코펙스는 성층권에 탄산칼슘이나 황산염을
뿌려 태양 복사 에너지를 지구 밖으로 튕겨 내는 이른바 '우주
거울'을 만드는 프로젝트로, 빌 게이츠의 후원을 받았습니다.
현실에 없는 일이긴 하지만, 온실 바깥벽에 거울을 달아 햇볕
을 반사하면 온실에 흡수되는 열이 줄어들게 되는 상황을 상

상하면 되겠습니다.

실행하기가 어렵지 않은 아이디어입니다. 풍선 형태의 열기구를 지상 약 20킬로미터 공중으로 보내 에어로졸 분사로 가로세로 약 1킬로미터×100미터인 기단(氣團)을 만들면 됩니다. 그렇게 생성된 기단은 태양광의 복사 에너지를 성층권에서 반사하는 '우주 거울'로 기능하게 됩니다.

'설국열차' 현실화 우려

스코펙스 아이디어는 구체적으로 진행돼 2021년 6월에 스웨덴 우주국이 운영하는 이스레인지 우주센터에서 에어로졸 분사용 기구를 날리기로 하였습니다. 그러나 생태학자, 환경 단체, 지역 주민 등의 반대로 시험 비행이 취소됩니다. 자칫 목표치를 넘어서는 수준으로 지구를 냉각할 수 있다는 걱정과 전체 지구 생태계에 어떤 영향을 미칠지가 여전히 확인되지 않았다는 불안이 취소의 이유였습니다. 영화 〈설국열차〉의 설정, 즉 지구온난화 문제를 해결하려다가 얼음나라가 되어 버린 상황이 스코펙스로 인해 스크린을 뚫고 영화 밖 현실에 나타날까 봐 걱정한 것이지요.

미래 세대를 위한 기후 위기를 이겨 내는 상상력

스코펙스 같은 접근법을 지구공학(Geoengineering)이라고 합니다. 지구공학은 지구 기후를 대상으로 기후 변화를 공학적으로 연구하는 학문 분야 전체를 아우르는 신조어입니다. 지구 온난화를 막으려는 공학기술적 시도로 이해될 수 있어서 기후공학이라고도 합니다. 다만 현재 지식으로는 지구공학 기술들의 효과와 부작용을 정확히 예측하지 못한다는 게 어려움입니다. 일부 국가나 지역 범위에서 시행된 지구공학 처방이 주변국 기후에 변화를 불러올 수 있어 국가 간 분쟁의 씨앗이 될 수도 있습니다.

스코펙스 실행을 반대한 이유도 부작용(副作用)을 완전히 파악하지 못했기 때문입니다. 부작용은 원래 어떤 일에 부수적(附隨的)으로 일어나는 일을 뜻하는 가치중립적인 표현이었으나, 지금은 부정(否定)의 의미로 많이 사용됩니다. 영어로 표현하면 원래 '부수 효과(Side Effect)'란 뜻이었으나 사실상 '역효과(Adverse Effect)'라는 뜻으로 쓰입니다.

외부 효과는 환경경제학에서 쓰는 말로 부작용과 비슷해 보이지만 다릅니다. 기업과 같은 경제 주체가 원래 하기로 한 경제 활동을 한 결과, 또는 하는 과정에서 누군가에게 예상하지 못한 혜택을 주거나 손해를 입히는 현상이 외부 효과입니다. 포스코가 철강을 만들면서 대규모로 온실가스를 배출[손해]하거나 양봉업자가 꿀을 모으면서 주변 과수원의 수분을 도와주는 것[혜택]이 오랫동안 외부 효과의 대표 사례로 거론됐습니다. 포스코는 철강 생산만을 계획했을 뿐 그 과정에서 엄청난 온실가스가 배출되어 환경을 해치는 것을 예상하거나 목표로 하지 않았고, 양봉업자가 벌을 키운 것은 꽃에서 꿀을 얻기 위한 것이었지 과실수의 수분을 도와줄 생각이 없었습니다. 따라서 '피나투보 효과'는 외부 효과가 아닙니다. 기업과 같은 경제 주체의 의도적 활동이 아니기 때문입니다. 그저 지구 전체가 영향을 받는 자연재앙으로 사실상 인류가 할 수 있는 일이 거의 없기에 피해를 최소화하는 게 최선일 따름입니다.

외부 효과가 양봉처럼 긍정적일 때는 외부 경제, 외부 효과가 온실가스처럼 부정적일 때는 외부 비경제라고 구분하는데, 외부 효과 하면 일반적으로 외부 비경제로 받아들이곤 합니다. 이런 외부 비경제의 대표적인 사례로 자동차 산업을 들 수 있습니다. 자동차가 인간 사회에 가져다준 수많은 편리함과는 별개로, 화석 연료를 기반으로 한 그동안의 자동차는 온실가스 배출 주범 중 하나였습니다.

자동차가 배출하는 배기가스는 우리가 생활에서 가장 쉽게 접하고 또 눈에 보이기도 하는 탄소의 모습입니다. 그러다 보니 자동차가 기후 위기의 주범으로 취급받게 되고, 한편 자동

미래 세대를 위한 기후 위기를 이겨 내는 상상력

차 회사들은 그러한 취급이 다소 과도하다며 억울해하기도 합니다. 기후악당인 것은 사실이지만 두목은 아니지 않느냐 하는 항변이지요. 하지만 비난이 다소 과하다 해도 그동안 자동차 산업이 기후 위기에 큰 몫을 담당해 온 것은 부인할 수 없는 사실입니다.

자동차 산업은 지금 한창 변모 중입니다. 화석 연료를 대신할 다양한 방법을 적극적으로 찾아 하나하나 실현해 내는 중이지요. 전기자동차의 확대로 우리 눈에 보이던 배기가스가 점점 사라지고 있습니다. 하지만 유의할 점은 배기가스가 우리 눈에 보이지 않는다고 해서 자동차 산업의 탄소 문제가 근본적으로 해결되었다는 뜻은 아닙니다. 적어도 질소산화물과 같은 대기 오염 물질을 줄이는 데엔 매우 긍정적이지만 탄소 중립과 관련해서는 여전히 갈 길이 멉니다.

단순히 도로 위에 전기차가 굴러다닌다고 해서 친환경이 되는 건 아닙니다. 전기차의 에너지원인 전기가 이전처럼 화석 연료를 쓰는 발전을 통해 공급된다면 '눈 가리고 아웅' 하는 격이겠지요. 도로에서 사라졌지만 여전히 발전소에서 배기가스를 내뿜고 있는 것이니까요. 석유·석탄을 대신해 태양광·풍력으로 만든 재생 에너지가 전력을 만들고, 그 전력을 사용해 전기자동차가 굴러가야 이 산업 부문에서 외부 효과를 없앨 수 있습니다. 이 문제는 우선적으로 국가가 담당할 일이지만 자동차 회사와 소비자도 함께 관심을 기울여야 합니다.

꿀벌을 키우는 자동차 회사

세계 자동차 산업은 발빠르게 전기자동차로 전환하는 중입니다. 자동차 업계에 유행처럼 번진 양봉은 이런 전환 및 외부 효과와 관련하여 매우 흥미로운 풍경입니다.

롤스로이스는 유엔이 5월 20일을 세계 꿀벌의 날로 지정한 2017년에 '꿀벌 프로젝트'를 시작했습니다. '꿀벌 프로젝트'는 롤스로이스가 펼치는 다양한 환경 보호 활동의 하나로, 영국 굿우드에 있는 생산 공장에 양봉장을 마련해, 개체 수가 급속도로 줄고 있는 꿀벌에게 안전한 서식 환경을 제공하고 있습니다. '꿀벌 프로젝트'가 성과를 거둬 굿우드의 약 17만 제곱미터 부지에 자라는 50만 그루의 나무, 관목, 야생화 등에서 25만 마리의 꿀벌이 열심히 꿀을 모아 2020년에는 '롤스로이스 꿀'을 생산하기에 이릅니다.

다른 자동차 기업인 람보르기니는 2022년 5월 20일 다섯 번째 세계 꿀벌의 날을 맞아 자사의 꿀벌 연구 기술을 공개했

미래 세대를 위한 기후 위기를 이겨 내는 상상력

습니다. 람보르기니 본사가 위치한 이탈리아 볼로냐의 람보르기니 공원에서는 약 60만 마리의 꿀벌이 13개 벌집에서 살고 있습니다. 꿀벌들은 꿀을 모으면서 주변의 환경 정보를 모으는 역할을 함께 합니다. 공원 양봉장에서 채취한 벌꿀은 직원 크리스마스 선물로 사용된다고 합니다.

포르셰 또한 본사가 있는 독일 라이프치히 주행시험장의 4만 제곱미터 서식지에서 300만 마리의 꿀벌을 기릅니다. 재미있게도 양봉이 일종의 유행처럼 돼 버린 세계 자동차 업계에서 최대 양봉업자인 셈입니다. 포르셰가 연간 생산하는 꿀은 400킬로그램으로 포르셰 라이프치히 서비스센터에서 병당 8유로에 팝니다. 수익금은 꿀벌 보호에 쓰입니다.

포르셰에 비해 규모가 작지만 벤틀리도 꿀벌 30만 마리를 키우면서 꿀벌이 좋아하는 나무와 들꽃 서식지를 함께 만들어 가고 있습니다.

세계 자동차 업계의 꿀벌 사랑은 상징적입니다. 꿀벌 개체수 급감의 중요한 원인 중 하나를 제공한 자동차 기업들이 꿀벌 개체 수 복원에 나선 것이기 때문입니다. 그들이 할 일은 양봉보다는 더 친환경적이고 탄소를 덜 배출하는 자동차를 만드는 것이지만, 여력이 있다면 양봉을 하지 말란 법은 없습니다.

꿀벌은 탄소와 전쟁에서 우리의 중요한 동맹군입니다. 꿀벌이 사라진다고 인류가 멸망하지는 않겠지만, 만약 인류가 멸망한다면 꿀벌의 실종이 인간 멸종 시나리오에 반드시 포함될 것 같습니다. 꼭 그런 이유가 아니어도 꿀벌 없는 세상은 상상하고 싶지 않습니다. 피나투보 화산 폭발을 막을 수 없었듯, 앞으로 있을 다른 화산의 폭발을 막을 수는 없겠지만, 꿀벌의 멸종은 막을 수 있습니다. 우리 삶의 필수품이 된 자동차가 꿀벌의 삶을 방해하지 않는 형태로 발전하게 힘을 모아야 합니다. 지구공학을 통해 기후 문제를 한 번에 해결하는 방법보다 할 수 있는 일을 더 잘하는 사회 구조와 분위기를 만드는 것이 더 현실적이고 보다 안전한 미래를 보장하지 않을까요.

시간 여행의 함정

1991년 9월 19일 독일인 헬무트와 에리카 지몬 부부는 오스트리아와 이탈리아 국경을 따라 흐르는 외츠탈 알프스산맥을 등반하다가 피나일봉 근처 해발 3210미터 지점에서 시신 한 구를 발견했습니다. 얼음에 묻힌 채 상반신을 드러낸 시신을 보고 지몬 부부는 조난된 등산객이거나 제1차 혹은 제2차 세계 대전 당시 낙오한 병사일 것으로 생각했습니다. 그런 시신이 이 지역에서 종종 발견되었기 때문입니다. 다음 날 신고를 받고 출동한 지역 경찰과 인근 산장 관리인 등이 전동 드릴과 도끼를 이용하여 시신을 꺼내려고 하였지만 날씨가 나빠 포기하고 철수하였습니다. 산악인으로 구성된 전문 발굴팀이 와서야 시신을 얼음에서 꺼낼 수 있었습니다.

'알프스 아이스맨'의 저주

냉동 상태인 시신을 빙하 밖으로 온전히 꺼내면서 함께 발굴한 그의 소지품을 보고 발굴팀이 깜짝 놀랍니다. 가공되지 않은 동물 가죽으로 만든 옷과 구리 도끼 등 고대인의 것으로 보이는 물건이 잇달아 나왔습니다. 발굴팀은 시신과 유류품을 발굴 현장에서 가까운 오스트리아 인스부르크 대학으로 보냅니다. 이 대학의 고고학자들은 유류품을 분석하여 이 물건들의 주인이 약 4000년 전 청동기 시대 사람일 것으로 추정했습니다. 이후 시신의 피부에서 추출한 세포와 소지품을 대상으로 방사성 탄소 연대 측정을 한 결과 최초 추정보다 1000년 이상 올라가는 5300년 전 사람인 것으로 밝혀져 유럽 고고학계와 언론을 떠들썩하게 만듭니다. 발견된 곳의 지명을 따라 외치(Ötzi)로 명명된 이 고대인 시신은 유럽에서 발견된 가장 오래된 미라입니다.

발굴 당시 시신과 유류품은 두 바위 더미 사이의 도랑 같은 곳에 있었습니다. 그 위로 눈이 쌓이고 세월이 흐르며 빙하가

미래 세대를 위한 기후 위기를 이겨 내는 상상력

자리하면서 시신과 사망할 때의 소지품이 5000년이 넘도록 온전하게 보존되었습니다.

외치는 160센티미터 키에 몸무게는 50킬로그램 내외, 혈액형 O형, 사망할 때 나이는 45세인 남성이었습니다. 마지막 식사로 밀과 고사리, 염소와 붉은 사슴 고기를 먹었으며 사망 원인은 의견이 분분한 가운데 등에 박힌 화살촉이 가장 유력한 것으로 추정됐습니다. 분석 결과 외치는 죽기 며칠 전부터 누군가와 격투를 벌였고, 운명(殞命)의 날에 등 뒤에서 쏜 화살에 치명상을 입고 쓰러졌습니다. 두개골에도 큰 상처를 입었습니다.

오스트리아와 이탈리아는 외치 소유권을 두고 분쟁을 벌였습니다. 안정적이지 않은 빙하 지대라 국경선이 애매했는데, 항공사진으로 판독한 결과 시신 발굴 지점이 이탈리아 영토 92.56미터 안쪽인 것으로 확인됩니다. 이에 따라 외치는 1998년부터 오스트리아 인스브루크가 아닌 이탈리아 볼차노의 '사우스 티롤 고고학 박물관'에서 귀빈 대우를 받으며 전시되고 있습니다.

처음에 '유럽인의 조상'일 것이란 추측을 낳았지만 '아이스맨'으로 불리는 외치가 유럽인의 조상은 아닌 것으로 확인되었습니다. DNA를 분석한 결과 '아이스맨'의 후손은 현재 남아 있지 않다고 합니다. 대신 '아이스맨' 외치가 자손 대신 저주를 남겼다는 이야기가 전해집니다. 외치를 발견한 헬무트 지몬이 2004년에 알프스 등반 중에 조난을 당해 숨진 것을 비롯해, 외치의 발굴과 연구에 관련된 여러 사람이 숨졌기 때문입니다.

'아이스맨의 저주'는 당연히 말하기 좋아하는 사람들이 꾸며 낸 허황한 이야기이지만, 관점에 따라서는 아주 틀린 이야기가 아닐 수도 있습니다. '아이스맨' 외치가 발견된 것 자체가 일종의 저주일 수 있습니다. 빙하 속에 묻혀 있던 5000년 전의 시신이 발견된 까닭은 빙하가 녹았기 때문이고, 빙하가 녹은 건 지구 온난화 때문입니다. 인류 전체로는 지구 온난화에 이은 기후 위기만 한 심각한 '저주'에 직면한 적이 없다고 하여 틀린 말이 아닐 겁니다.

지구에서 낸 빚

기후 변화와 지구 온난화로 세계 곳곳에서 빙하가 빠른 속도로 사라지고 있습니다. 여름철 기온 상승과 '마른 겨울'이 겹치면서 고지대의 만년설(萬年雪: 1년 내내 쌓여 있는 눈)이 계속

미래 세대를 위한 기후 위기를 이겨 내는 상상력

줄고 빙하까지 급격하게 손실되는 중입니다. 외치의 사례에서 보았듯 유럽에서는 이 문제가 국가 간 국경선 다툼으로까지 이어집니다.

스위스 빙하감시센터와 브뤼셀 자유대학교에 따르면 스위스 알프스 지역 최대 빙하인 모테라치 빙하는 경계선이 하루 5센티미터씩 줄어들면서 2022년에 60여 년 만에 가장 큰 폭으로 크기가 줄었습니다. 두께가 지난 수년 새 200미터 얇아졌고, 빙하의 끝부분에 해당하는 빙하설(氷河舌)은 3킬로미터나 짧아졌습니다.

서유럽에서 해발 고도가 가장 높아 '유럽의 지붕'으로 불리는 몽블랑(Mont Blanc)의 해발 고도가 달라지고 있는 현상 또한 기후 변화의 상징적 풍경입니다. 프랑스와 이탈리아 사이에 자리 잡은 몽블랑의 해발 고도는 2021년 9월 기준으로 4807.8미터입니다. 2017년 조사 때 4808.72미터인 것과 비교해 4년 사이에 92센티미터가 줄어들었습니다. 2007년 4810.9미터를 기록한 이후 몽블랑의 높이가 계속 낮아져 14년 사이 3미터 이상 키가 줄었습니다. 몽블랑 꼭대기의 만년설이 감소한 것이 전체 신장 감소의 원인이란 분석이 설득력 있게 제시됩니다.

더 큰 문제는 몽블랑 하면 떠올리는 정상의 만년설이 사라질지도 모른다는 것입니다. 스위스 빙하감시센터에 따르면

만년설이 쌓여 있는 몽블랑 정상 모습 ⓒ위키백과

2022년의 폭염으로 알프스의 만년설이 유지되는 '빙점 고도'(기온이 0도로 떨어지는 높이)는 역사상 가장 높은 해발 5184미터까지 올라갔습니다.

빙하감시센터 관계자는 "예년 3000~3500미터였는데 약 2000미터 가까이 올라갔다."며 "이 빙점 고도는 몽블랑 정상(4809미터)보다 더 높다."고 말했습니다. 단순 수치상으로는 몽블랑의 만년설이 녹아 없어질 위기에 처했다는 뜻입니다.

빙하가 이렇게 빠르게 녹고 있는 까닭은 여름이 더욱 더워

미래 세대를 위한 기후 위기를 이겨 내는 상상력

졌을 뿐 아니라 기후 변화로 해마다 '마른 겨울'이 반복되기 때문입니다. 빙하 위에 쌓인 눈은 여름 햇볕을 반사해 빙하를 보호하고, 또 일부가 자연스럽게 녹았다 다시 얼어붙는 과정을 통해 빙하를 더 두껍게 만듭니다. 하지만 알프스 지역의 겨울 적설량이 눈에 띄게 줄면서 여름에 빙하가 햇볕에 직접 노출된 면적이 늘고 빙하가 얼음으로 다시 보충되지도 않은 악순환이 일어났다고 전문가들은 분석합니다. 기후 변화에 관한 정부 간 협의체(IPCC)는 "이런 속도라면 2100년쯤에 알프스 빙하의 80퍼센트가 사라질 것"이라고 경고했습니다. 알프스 빙하의 손실을 막기 위해 커다란 천을 덮어 빙하를 보호하는 모습을 언론이 보도하고 있습니다. 근본적인 빙하 보호 대책이 아님은 물론입니다. 하지만 그렇게 해서라도 빙하를 지키겠다는 절박함이 전해집니다.

기후 변화와 지구 온난화가 알프스 산맥에 국한하지 않고 전 지구에 걸친 문제임을 모르는 사람은 없습니다. 이렇게 말할 수 있습니다. 현재의 문명을 책임지는 인류는 지구상에 인류가 등장한 이후 처음으로 '빚'을 내기 시작했습니다. 지금의 인류는 산업화 이후 독특한 발전의 길을 열었는데, 그때는 몰랐지만 시간이 지나면서 그 발전이라는 것이 빚을 내서 일군 것이었음을 깨닫고 있습니다. 인류 문명 전체로 보면 짧디 짧은 200~300년 전에 낸 빚은 규모가 눈덩이처럼 불어났습니다. 빚인 줄 모르고 흥청망청 썼기 때문입니다. 빚이 빚을 낳고 점점 원금은커녕 이자를 감당할 수 없는 사태로 내몰리고 있습니다. 이러한 사태를 해결하지 못한 결과가 파산입니다. 우리 문명 공동의 위기인 지구 온난화는 한마디로 인류가 지구에 진 빚입니다.

지구 온난화라는 축복

여기서 분명히 할 점은 인류 문명이 산업화를 진행하며 내뿜은 온실가스는, 그 자체가 빚이거나 또는 저주였던 건 아니라는 사실입니다. 이산화탄소로 대표되는 온실가스로 인한 지구 온난화 자체는 인간을 포함한 모든 생명의 근본 생존 조건입니다. 온실 효과가 없었다면, 즉 이산화탄소가 지구를 온실 같은 곳으로 만들지 않았다면 지구에는 어떤 생명도 발을 붙이지 못했을 겁니다. 지구와 태양이 속한 우주 전체의 평균 온도가 절대 온도로 2~3도(섭씨로 계산하면 영하 270도 정도)라는 사실을 감안하면 우리 행성이 얼마나 따뜻한 곳인지 금세 알 수 있습니다.

미래 세대를 위한 기후 위기를 이겨 내는 상상력

우주 평균 온도와 비교할 정도는 아니지만 지구가 추운 때도 더운 때도 있었습니다. 2억 5000만 년 전 페름기(지구 고생대의 마지막 시대)가 끝날 때 지구는 끔찍한 온난화를 겪었습니다. 기온이 단기간에 거의 20도나 상승했습니다. 지금 온난화가 산업화 이전 대비 지구 표면의 평균 온도가 1도를 살짝 넘게 상승한 수준이라고 할 때 페름기의 온난화가 얼마나 큰 재앙이었는지를 짐작할 수 있습니다. 그때 지구상의 거의 모든 생물이 멸종했습니다. 지구 역사에서 일어난 대멸종 가운데 가장 치명적인 사건입니다.

일반인에게 널리 알려진 6600만 년 전 운석 충돌과 공룡을 비롯한 생명종의 연이은 멸종도 대멸종에 해당합니다. 지구상에서 일어난 5대 대멸종 중에서 살펴본 두 대멸종의 원인은 화산 폭발(페름기)과 운석 충돌(백악기)로 각기 다르지만 적어도 특정한 어느 생물 종에 의해 촉발된 것은 아닙니다.

알다시피 인류의 문명화가 산업혁명 이후에 전에 보지 못한 완전히 새로운 단계에 접어들면서 지구상에서 적잖은 생물종이 사라지고 있습니다. 산업혁명과 함께 석탄과 석유 등 화석연료가 대규모로 사용되고 사용량이 천문학적 수준으로 늘면서 지구 온난화 또한 갈수록 가속됩니다. 이에 따라 지구가 새로운 대멸종에 접어들었다는 진단까지 나오고 있습니다. 주로 지구 온난화에서 비롯한 급격한 기후변동은 46억 년 지구 역사상 처음으로 인간이라는 특정한 생물종에 의해 시작되어 진행 중입니다.

기원전 49년 로마의 율리우스 카이사르에게 루비콘강이 그랬듯 사람이나 역사 또는 어떤 현상에는 되돌릴 수 없는 결정적인 지점이나 시점이 있습니다. 지구 온난화 또한 마찬가지입니다. 어느 수준을 넘어서면 끊임없는 상승작용의 더 강력한 메커니즘을 작동시켜 돌아가고 싶어도 결코 돌아갈 수 없게 됩니다.

"돌아갈 수 없는 강을 건넜다."고 할 때 그 강을 물리학에서는 임계점(臨界點: critical point)이라고 부릅니다. 임계점을 넘어서는 순간, 즉 파국을 향한 방아쇠가 당겨지면 그때 인류가 할 수 있는 일은 총알이 목표에 닿는 동안 기도하고 참회하는 것밖에는 없습니다. 그러므로 그 전에 지구 온난화 수준이 우리 문명을 지켜 낼 수 있는 임계점을 넘어서지 않도록 관리해야 합니다.

당연한 듯한 이 이야기에도 반론이 있습니다. 이론상 축복인 지구 온난화가 재앙으로 넘어가는 임계점이 어느 지점인가를 두고 저마다 의견이 다를 수 있습니다. "임계점을 넘으면 안 된다는 데는 전적으로 동의하지만 너희가 말하는 지점은

미래 세대를 위한 기후 위기를 이겨 내는 상상력

너무 과장됐어."라고 환경론자를 비판하는 사람들이 있습니다. 또 설령 임계점을 넘는다고 해도 인류의 이성과 과학기술이 해결할 방법을 찾아낼 것이란 주장이 있습니다.

기후 운동가 그레타 툰베리 같은 이가 분노할 법한 견해이지만 어쩌면 꼭 틀린 이야기가 아닐지도 모릅니다. 재앙의 방아쇠가 당겨지는 시점이 당연히 과학에 근거해 제시되었겠지만, 추정에 의한 계산이고 지구를 포괄한 계산에서는 변수가 너무 많기에 그 계산이 정확히 맞는다고 확신할 수 없습니다. 현재 우리에게 제시된 기후 위기의 시나리오는 압도적으로 비관적이지만, 시나리오라는 게 "만일 ~한다면"이라는 가정들에 근거하여 도출되기에 가정을 달리하면 전혀 다른 미래가 펼쳐지게 됩니다.

가정과 계산, 시나리오가 올바른지를 파악하고 검증하는 것은 과학자나 전문가의 일입니다. 임계점 논의와 관련해서 우리는 가장 보수적인 입장을 취하는 게 좋다고 생각합니다. 근거도 없이 겁을 먹으면 안 되겠지만, 막무가내로 용감한 것은 참으로 곤란합니다. 그게 정확하게 언제인지는 모르지만 만일 이러저러한 이유나 핑계를 대며 방심하고 있다가 임계점을 넘어 버리는 상황은 상상하기조차 싫습니다. 지구와 거의 비슷한 크기로 지구의 쌍둥이 행성으로 불리는 금성의 표면 온도는 460도가 넘습니다. 과학자들은 금성이 '행성 온난화'를 거쳐 지금의 상태에 도달했다고 봅니다. 금성에도 바다가 있었을 겁니다. 어느 순간 임계점을 넘어서며 금성의 대기는 이산화탄소로 가득 차게 됩니다. 유럽우주기구(ESA)가 금성의 사진을 설명하며 "지구의 사악한 쌍둥이"라고 표현한 데는 지구의 미래가 금성과 다르기를 바라는 마음이 반영됐을 것입니다. 앞에서 말한 '아이스맨의 저주'는 '아이스맨의 후손이 지구에 퍼부은 저주'로 바꿔 말하는 게 더 정확하겠지요. 현재 온난화 추세를 보면 앞으로 외치 외에 또 다른 '아이스맨'들을 발견할 가능성이 큽니다. 그만큼 저주가 늘어날 것으로 받아들여야 할까요.

'저주'를 '각성'으로 받아들이면 설령 점점 더 많은 '아이스맨'을 발견한다고 하여도 금성이 경험한 것과 다른 지구의 미래를 열어 갈 수 있다고 믿습니다. 금성에서는 해가 서쪽에서 뜬다는 사실이 '저주'를 푸는 실마리가 될 수 있을까요. 지구의 미래가 분명 금성과는 달라야 합니다.

북극의 빙하를 '지키는', 빙하를 '만드는' 상상력

미국 국립 해양대기청(NOAA)이 2006년부터 매년 발표하는 '북극 성적표(Arctic Report Card)'라는 것이 있습니다. 지구 온난화에 따른 북극의 변화를 추적하면서, 특히 '북극 증폭(Arctic Amplification)' 현상에 주목해 관련 지표들을 발표합니다. 북극 증폭 현상은 북극 온난화가 지구 다른 지역 온난화보다 더 빠르게 진행되는 현상을 말합니다.

'북극 성적표'는 북극이 다른 지역보다 2배 이상 빠르게 따뜻해지고 있다고 보고했습니다. 2022년 미국 로스 앨러모스 국립 연구소의 페트르 칠렉 연구팀이 학술지 《지구물리학연구회보》에 발표한 북극 증폭에 관한 논문에 따르면 1970~2020년 사이 북극의 온난화 속도는 지구 전체 온난화 속도의 4배를 초과한 것으로 나타났습니다. '북극 성적표'보다 연구 기간을 늘리니 증폭 정도가 더 커진 셈입니다.

얼음도 나이가 있다

기온 상승은 북극 생태계의 핵심인 해빙(海氷, sea ice)에 큰 영향을 미칩니다. 해빙은 북극을 둘러싼 여러 대륙의 안쪽 바다, 즉 북극해에서 대기와 접한 면이 얼어붙어 얼음 아래 바다 위에 떠 있는 것으로 북극뿐 아니라 지구 전체 기후에 중요한 역할을 합니다. 해빙 면적은 얼음 농도가 15퍼센트 이상인 바다로 정의되며, 위성 마이크로파 원격 탐사를 통해 1979년부터 북극의 해빙 면적을 조사하고 있습니다. 북극 얼음 면적의 실질적인 감소는 기후 변화의 가장 핵심적인 지표입니다.

북극 해빙 면적은 3월에 최대에 도달하며 봄과 여름을 거쳐 얼음이 녹으면서 9월에 최소 면적이 됩니다. 면적이 계절에 따라 순환합니다. 미국 국립 빙설자료센터(NSIDC)의 1979년과 2021년 9월의 해빙 면적을 비교한 자료에 의하면 1979년 9월 북극 해빙 면적은 약 645만 제곱킬로미터였지만 2021년 9월

엔 413만 제곱킬로미터로 줄어듭니다. 한반도보다 10배 이상 넓은 바다에서 얼음이 사라진 셈입니다. 해빙은 지구로 쏟아지는 태양의 빛 에너지를 지구 밖으로 반사하여 지구 온난화를 늦추고 해양 포유류에게 서식지를 제공합니다.

북극 해빙의 변화를 평가할 때 면적 외에 또 다른 중요한 지표는 해빙의 나이입니다. 북극해 해빙이 생성된 지 얼마나 되었는지를 보는 지표입니다. 바닷물이 얼어붙어 형성되는 해빙은 겨울철에 생겼다가 여름철에 녹는 단년생 즉 생애가 1년에 못 미치는 얼음과 한 번 이상의 여름철을 버틴 다년생 얼음으로 구분됩니다. 다년생 얼음은 더운 여름에 녹지 않고 살아남는 두꺼운 얼음으로 두께가 4미터 가까이 되기도 합니다. 반면 생성된 지 1년이 되지 않은 얼음은 일반적으로 2미터 이상으로 두꺼워지지 않으며 다년생 얼음에 비해 쉽게 녹습니다. 다년생 얼음이 북극 전체 해빙 유지에 중요한 역할을 합니다.

지구 온난화와 함께 북극 지역에서 다년생 얼음이 빠르게 줄고 있습니다. 다년생 얼음은 1985년 9월 440만 제곱킬로미터에서 2021년 9월 129만 제곱킬로미터로 감소했습니다. 북극 얼음 나이를 기록하기 시작한 1985년에 다년생 얼음이 단년생보다 많았지만 이제는 단년생 얼음이 더 많습니다. 다년생 얼음 중에서 4년 이상 된 오래된 얼음이 3월 기준으로

북극 빙하의 모습 ⓒ위키백과

1985년에 북극 얼음의 33퍼센트를 차지했지만 2021년에는
4.4퍼센트였습니다. 이러한 큰 폭의 감소는 북극 얼음의 '체
질'이 약해져 앞으로 여름철에 살아남을 가능성이 작아진다
는 것을 의미합니다.

'알베도 효과'

북극 얼음은 '되먹임 효과(Feedback Effect)'에 따라 더욱 빠르
게 사라질 전망입니다. 되먹임 효과란 기후 시스템에 존재하
는 여러 과정 사이에서 최초 과정의 결과가 두 번째 과정에 변

미래 세대를 위한 기후 위기를 이겨 내는 상상력

화를 일으키고 이것이 다시 최초 과정에 영향을 미치는 상호 작용을 말합니다.

'되먹임 효과'는 왜 다른 지역보다 북극에서 얼음이 더 빠르게 녹는가를 설명해 줍니다. 초기에 주어진 변화를 키우는 '양의 되먹임'(반대로 변화를 줄이면 '음의 되먹임')의 대표적인 현상인 얼음-알베도 때문입니다. 한마디로, 극지방에 넓게 분포한 빙하가 녹으면 태양열이 빠져나가지 못하고, 그 결과 계속해서 기온이 오르고 더불어 더 빠르게 빙하가 녹게 됩니다.

여기서 알베도는 물체(의 표면)에 의해 반사되는 태양 복사의 비율을 말합니다. 눈처럼 흰 물질로 덮인 곳은 알베도가 높아 태양 복사 에너지를 더 많이 튕겨 냅니다. 반대로 초목으로 덮인 지역이나 얼음이 없는 해양은 낮은 알베도를 가집니다. 알베도(Albedo)라는 말 자체가 흰색 또는 흰 정도를 뜻합니다. 동물의 몸에서 색소를 합성하는 효소에 문제가 있어 신체가 하얗게 되는 현상을 뜻하는 알비노(Albino)와 어원이 같습니다. 사람들이 여름에 밝은색 계열, 겨울에는 어두운색 계열의 옷을 입는 이유 또한 여름에는 시원하게 겨울에 따뜻하게 있자고 하여 무의식적으로 알베도 효과를 받아들였기 때문입니다.

거대한 대륙 빙상과 해빙으로 덮인 극지방은 대기가 차가우면 빙상이 계속 커져 얼음으로 덮인 면적이 늘어납니다. 흰색인 얼음은 지표상의 어떤 물질보다 알베도가 높아서 빙상이 늘어남에 따라 지표가 흡수하는 태양 에너지가 감소합니다. 날씨가 따뜻해지면 얼음이 줄어들어 이전보다 튕겨 내는 태양 에너지가 줄고 동시에 녹은 얼음이 짙은색의 바다로 변해 흡수하는 에너지가 늘어납니다. 북극의 해빙은 날아든 햇빛의 약 90퍼센트를 반사하지만, 얼음이 없는 바다는 6퍼센트만 반사하는 데 그칩니다. 지구 전체로는 대략 30퍼센트를 튕겨 내는 것으로 알려져 있습니다.

이때 반사량만 줄어드는 게 아니라 줄어든 반사량만큼 흡수량이 늘어나는 구조임을 이해하는 게 중요합니다. 극지방에서 한번 온도가 높아지거나 낮아지면 계속해서 그 정도가 심해지는 '양의 되먹임'이 나타나는 이유입니다. 이 때문에 중위도나 고위도 지역에서 적도 지방을 비롯해 얼음이 없는 지역보다 더 극적인 변화가 일어나게 됩니다.

정말 북극에서 얼음이 사라질까

지구 온난화 시대에 북극에서 일어나는 변화는 뚜렷하고 동시에 위협적이지만, 변수가 많아 앞으로 변화 경로가 가변적

미래 세대를 위한 기후 위기를 이겨 내는 상상력

입니다. IPCC는 온실가스 배출량에 따른 여러 시나리오를 만들어서 북극 해빙의 미래와 지구 온난화 사이의 상관관계를 전망했습니다.

　IPCC가 2021년에 내놓은 제6차 평가 보고서는 '공통 사회경제 경로(SSPs: Shared Socioeconomic Pathways)'를 이용하여 인간이 만들어 내는 온실가스 농도와 미래 사회경제 변화를 기준으로 4개의 시나리오(4개 시나리오는 공통 사회경제 경로를 뜻하는 SSP에 각각의 대처 상황(숫자의 의미)을 가정해 SSP1-2.6, SSP2-4.5, SSP3-7.0, SSP5-8.5라는 이름을 부여했습니다.)를 제시했습니다. 시간에 따른 변화를 강조하기 위해 온실가스 배출량과 관련한 시나리오에 경로(Pathways)라는 단어를 사용했습니다.

　모든 시나리오에서 기온은 21세기에 지속해서 높아집니다. 기온 상승 자체는 막을 수가 없다는 뜻입니다. 또한 21세기 후반기로 갈수록, 탄소를 많이 배출하는 시나리오일수록 더 큰 기온 상승이 예상됩니다. 온실가스 배출을 효과적으로 줄인 가장 이상적인 시나리오는 SSP1-2.6입니다. 2100년까지 지구 표면의 평균 온도가 약 1.8도, 온실가스 배출이 가장 많은 SSP5-8.5에서는 약 4.4도 오를 것으로 예측했습니다.

　4개의 시나리오에 따르면 북극의 연평균 빙하량은 21세기 말에 현재 대비 최소 19퍼센트에서 최대 76퍼센트까지 감소할 것으로 국립기상과학원은 전망했습니다. 특히 기온이 높아지는 여름철에 북극 해빙은 모든 시나리오에서 21세기 중반 이후 거의 사라지는 것으로 분석됐습니다. 결국, 머지않은 미래에 얼음 없는 북극은 현실이 되며, IPCC는 2050년 이전에 최소 한 번은 얼음이 완전히 사라진 북극의 여름을 보게 될 것으로 예상했습니다.

어쩌면 상황이 더 나쁘게 전개될지도 모릅니다. '해빙 모델 교차비교 프로젝트' 연구진이 2021년 4월 학술지 《지구물리학 연구회보》에 발표한 논문에서 IPCC가 제시한 모든 시나리오를 들여다본 결과, 대부분의 모의실험에서 2050년 이전에 북극에서 9월의 해빙이 없어지는 것으로 나타났습니다. 나아가 여름에 북극 얼음이 사라지는 시기가 2050년보다 당겨질 수 있다는 예측이 있습니다. 영국 남극자연환경연구소(BAS)는 2020년 과학 저널 《네이처 기후 변화》에 게재한 논문에서, 13만~11만 6000년 전 마지막 간빙기를 추적·연구한 결과, 2035년 여름에 북극 해빙이 소멸할 수 있다고 전망했습니다. 소멸 시기를 2050년으로 잡은 기존 여러 시나리오보다 15년이나 빠른 셈입니다.

기후 변화는 북극 빙하를 녹이며 북극 생태계에 큰 변화를 가져오고 있고 북극의 깨진 균형은 되먹임 효과에 따라 더욱

미래 세대를 위한 기후 위기를 이겨 내는 상상력

빠르게 나빠지는 중입니다. 북극에서 얼음이 사라지는 사태가 사실상 확정적이기에 우리는 지구 온난화 속도를 늦추기 위한 노력과 함께 북극의 얼음이 사라진 시대를 대비해야 합니다.

극심한 한파, 극단적인 폭우

영국 신문 《가디언》에 따르면 북극에서 가장 오래되고 두꺼운 그린란드 북쪽의 빙하가 2018년 붕괴하기 시작했습니다. 1970년 관측을 시작한 이래 처음 있는 일입니다. 기상학자들은 이 모습을 보고 "무섭다."라고 표현했습니다.

북극 얼음이 사라지면 극단적 이상기후가 일상이 될 수 있습니다. 제트 기류 때문입니다. 빙하가 녹으며 따뜻해진 북극 공기는 극지방의 찬 공기를 북극권에 가두는 제트 기류를 흔들어 댑니다. 이에 따라 제트 기류가 출렁이면서 제트 기류 모양에 맞추어 따뜻한 공기가 북극으로 올라가는가 하면, 차가운 북극 공기가 남쪽으로 내려오게 됩니다. 겨울철 중위도 지역에서 기록적인 한파가 나타나는 이유입니다. 2022년 말~2023년 초에 동아시아와 미국 등에서 제트 기류 교란으로 북

극 한파를 겪었는데, '북극'이란 표현이 단지 수식어에 그친
게 아니었습니다.

제트 기류 교란은 한반도에도 극심한 이상 한파를 가져옵니
다. 제트 기류는 북극의 찬 공기와 남쪽의 따뜻한 공기 사이의
기압 차로 유지되는데, 지구 온난화로 기압 차가 줄어들어 제
트 기류가 늘어지면서 차가운 북극 공기가 한반도까지 밀려
내려옵니다. 약해진 제트 기류로 뜨거운 공기가 유입된 일부
지역에는 폭염이 발생하거나 극단적인 열파와 강우가 발생했
습니다.

북극 해빙의 감소 문제를 두고 여러 아이디어가 쏟아지고
있습니다. 탄소 배출량을 줄이는 것만이 유일하고 근본적인
해법이긴 하지만, 지구 온난화의 속도를 늦추는 것에 대한 기
발한 아이디어가 어쩌면 도움이 될 수도 있습니다.

미국의 비영리 연구단체 '북극 얼음 프로젝트(Arctic Ice
Project)'는 북극 얼음이 줄어들며 알베도가 낮아지는 문제를 해
결하기 위해 북극에 반사 물질을 뿌리자는 파격적인 제안을
내놓았습니다. 지구로 날아드는 태양 에너지를 반사하는 물
질을 북극 해빙 위에 뿌리자는 발상이지요. 이때 연구진이 살
포하자고 한 물질은 이산화규소, 즉 '유리 가루'입니다.

유리 가루를 선택한 이유는 눈과 속성이 비슷하기 때문입니

미래 세대를 위한 기후 위기를 이겨 내는 상상력

다. 해빙 등 극지방 얼음은 지구로 쏟아지는 햇볕을 우주로 되돌리는 거울 구실을 하는데, 이때 눈의 하얀색은 알베도가 높아 더 많이 빛을 반사할 수 있습니다. 이 원리를 응용하여 유리 가루를 북극 얼음에 뿌려 놓으면 태양 에너지 반사량을 증가시키면서 얼음에 흡수되는 열을 줄일 수 있습니다. 알베도를 높이면서 해빙이 녹는 속도를 늦추는 일거양득인 셈입니다. 해빙이 다 녹은 다음에도 여러 형태로 남은 유리 가루가 태양광을 일부 막아 낼 수 있습니다.

'북극 얼음 프로젝트' 팀은 10년의 실험을 거쳤습니다. 실험이 진행된 미국 미네소타주 연못에서 유리 가루를 뿌린 얼음의 태양광 반사율이 20퍼센트나 높아진 고무적인 결과를 얻었습니다. 얼음이 녹는 속도 또한 당연히 느려졌습니다. 연구진이 유리 가루를 뿌릴 후보지로 제시한 곳은 덴마크 자치령인 그린란드와 노르웨이의 최북단에 위치한 스발바르 제도 주변의 바다입니다. 해빙이 녹는 속도가 비교적 빠른 편인 이곳에 제한적으로 유리 가루를 살포해 성과를 살피며 범위를 넓혀 가자는 생각입니다.

이 아이디어가 아직 실행되지 않은 이유는 알베도 상승 및 얼음 유지라는 순기능이 예상되지만, 혹시 모를 부작용을 생각해야 하기 때문입니다. 앞서 살펴본 대로 '우주 거울'을 공중에 띄우자는 '스코펙스' 구상이 실현되지 못한 것과 비슷한 맥락입니다. 현재의 우려는 해빙 주변에서 광합성을 하는 식물성 플랑크톤에 햇빛 공급을 줄일 수 있다는 것입니다. 식물성 플랑크톤이 광합성에 지장을 받으면 개체 수가 감소하게 됩니다. 캐나다 빅토리아 대학의 카리나 기스브레호트 교수(생태학 전공)는 BBC와 인터뷰에서 "플랑크톤의 식생이 나빠지면 먹이사슬 위의 물고기, 바다표범, 북극곰까지 영향을 받는다."면서 "예측할 수 없는 상황을 만들 수 있다."고 경고했습니다.

빙하가 녹아내리는 북극 문제를 해결하기 위한 실험적인 아이디어 중에는 아예 빙하를 만들어 내자는 것이 있습니다. 파리스 라자크 코타하투하하 등 인도네시아의 건축학도 그룹이 2019년 태국에서 열린 ASA 국제 디자인대회에서 선보인 '북극 다시 얼리기(RE-FREEZE THE ARCTIC)' 프로젝트가 그것입니다. 대회에서 2등을 한 이 프로젝트는 한마디로 '빙하를 만드는 잠수정'을 북극해에 띄우자고 제안합니다.

계절의 변화를 고려할 때 새롭게 빙하가 만들어지려면 최소 1년 가까운 시간이 걸립니다. 코타하투하하 팀은 그들이 구상한 잠수정을 통해 두께 약 5미터, 대각선 길이 약 25미터인 정육각형 모양의 빙하를 직접 북극해에서 만들어 내자고 제안했습니다.

잠수정 가운데에 빙하를 만들 수 있는 육각형 탱크가 있습니다. 빙하를 만드는 방법은 간단합니다. 우선 잠수정이 해수면 아래로 내려가 탱크에 바닷물을 채웁니다. 그다음 탱크에서 역삼투 과정을 통해 바닷물의 소금을 걸러 냅니다. 바닷물에서 염분을 제거하면 어는점(빙점)이 높아지며 자연스럽게 물이 얼게 됩니다. 탱크의 물이 햇빛에 데워지지 않게 덮개를 덮고 한 달을 기다리면 빙하가 생성됩니다. 북극이라는 자연 냉장고에서 얼음을 만든다고 생각하면 되겠습니다. 잠수정이 얼음 틀인 셈입니다.

잠수정은 이 과정을 반복해 빙하를 계속 만들어 내면 됩니다. 빙하를 육각형 모양으로 설계한 이유는 '아기빙하'라고 이름 붙인 대각선 길이 25미터의 정육각형 빙하가 바다를 떠다니다가 다른 빙하와 자연스럽게 결합해 더 큰 빙하로 성장할 가능성을 주기 위해서입니다.

북극 동물에게 서식지와 사냥터를 제공하는 데에도 일부 도움이 되겠지만, 이 프로젝트의 핵심은 알베도가 높은 빙하의 면적을 늘려 북극에서 햇빛을 더 많이 반사하게 만드는 데 있습니다. 충분한 얼음이 만들어지면 의미 있는 수준의 변화를 만들어 낼 수 있을 것입니다. 다만, '얼음틀'이 너무 작다는 게 문제점으로 지적됩니다. 지난 40년간 녹아내린 북극의 얼음을 같은 속도, 같은 규모로 복구하려면 이들이 제안한 잠수정을 기준으로 약 1000만 대가 필요할 것으로 추정됩니다. 너무 비현실적인 아이디어라는 뜻입니다. 만일 핵잠수함을 포함하여 전 세계에서 운용 중인 군사용 잠수함을 빙하 생산용으로 북극해에 투입하면 보다 현실적인 구상이 될까요. 그러면 좋겠지만, 군사용 전력(戰力)을 지구 온난화 대처용으로 바꿀 수 있는지의 현실성을 먼저 살펴봐야 합니다. 가능할까요?

남극 빙산 전체가 녹는다면
무슨 일이 벌어질까

수천 년간 안정적이었던 남극의 얼음이 부서지고, 얇아지고, 녹고 있습니다. 남극 대륙에 관한 초기 연구는 극적으로 변화한 장소를 찾는 것이 목표일 정도로 이 지역의 얼음 상태와 빙상 높이가 잘 변하지 않았습니다. 하지만 이제 상황이 급변하고 있습니다.

빙하(glacier)는 육지 위로 천천히 흐르는 얼음과 눈의 축적물입니다. 이 빙하가 육지에 자리를 잡고 5만 제곱킬로미터 이상 넓어지면 빙상(ice sheet)이라 불립니다. 5만 제곱킬로미터는 남한 면적의 약 절반 크기입니다. 현재 지구상에는 그린란드와 남극 대륙 두 곳에 빙상이 존재합니다. 두 곳에 얼음 형태로 존재하는 담수의 양은 지구 담수 총량의 68퍼센트 이상입니다.

미국 국립 빙설데이터센터(NSIDC)에 따르면 남극에 분포하는 빙상은 한반도 면적의 대략 62배인 1390만 제곱킬로미터이고 부피는 2692만 세제곱킬로미터입니다. 남극 빙상의 평균 두께는 1937미터이고, 가장 두꺼운 곳이 약 4.9킬로미터입니다. 동남극 빙상의 높이는 대략 3~4킬로미터이고, 서남극과 남극 반도의 빙상은 이보다 낮은 편이어서 가장 높은 지역이 약 2.5킬로미터입니다. 만약 남극 빙상 전체가 녹는다면 전 세계 해수면이 약 60미터 상승할 것으로 예측됩니다. 그린란드 빙하가 녹는 것과 비교 자체가 안 됩니다.

빙붕, 그리고 '종말의 빙하'

빙상 일부가 녹거나 바다로 흘러들어 가서 빙상의 질량이 손실되어도 그만큼 눈이 쌓이면 빙상이 '균형' 상태에 있다고 말합니다. 미국 캘리포니아 대학 에릭 리그노트 교수 팀의 2019년 연구에 따르면 최근 40년(1979~2017년) 동안 남극 빙상의 질량은 '균형'을 이루지 못했습니다. 연구 기간 중 가

미래 세대를 위한 기후 위기를 이겨 내는 상상력

장 최근인 2009~2017년에 남극 얼음이 매년 2520억 톤 사라졌습니다. 전체 연구 기간 중 해가 갈수록 얼음 손실이 커져, 매년 1979~1990년에 400억 톤, 1989~2000년 500억 톤, 1999~2009년 1660억 톤이 없어졌습니다.

남극 세 지역 중 얼음 질량이 가장 많이 사라진 곳은 서남극입니다. 2009~2017년 서남극에서 매년 남극 전체 손실량의 63퍼센트인 1590억 톤이 사라졌습니다. 이 손실량은 동남극과 남극 반도 질량 손실의 약 3~4배에 달하는 규모입니다.

북극과 남극 모두 극지방이지만, 지리적 차이로 북극이 남극보다 상대적으로 더 따뜻합니다. 바다가 육지보다 더 천천히 따뜻해지지만, 더 천천히 차가워지기 때문이죠. 남극이 얼음으로 뒤덮인 대륙인 반면 북극은 얼음이 떠 있는 바다로 그 성질과 상태가 완전히 다릅니다.

남극과 북극의 해류 흐름 또한 기후 차이를 만들어 냈습니다. 남극에서는 바람과 해류가 남극 대륙을 중심으로 성벽처럼 원으로 돌아 추위를 남극권에 가둡니다. 북극은 북극권 아래 남쪽의 기후와 상호작용하며 영향을 주고받는다고 할 수 있습니다. 북극의 겨울 평균 기온이 영하 40도이고, 여름에는 0도까지 올라갑니다. 남극의 겨울과 여름의 평균 기온은 각각 영하 60도, 영하 28도입니다.

바닷물이 얼어서 얼음으로 바뀐 북극의 해빙(海氷)은 녹아도 이론상으로 지구 해수면을 끌어 올리지 않지만, 남극 빙상의 용융은 해수면 상승에 직접 영향을 줍니다. 남극 얼음이 녹아 2006~2015년에 매년 0.43(±0.05)밀리미터만큼 해수면을 높였습니다. 해수면 상승 속도가 과거보다 빨라졌는데, 앞서 살펴본 남극 빙상 질량의 손실량 변화 추이를 통해서 간접적으로 확인됩니다. 점점 더 많은 얼음이 녹아서 바다로 유입된다는 뜻입니다.

IPCC는 온실가스가 현재 수준으로 유지된다면 2100년까지 지구 해수면이 평균 0.84미터 상승할 것으로 예상합니다. 이때 남극 빙상 용융이 상승에 미치는 영향은 0.12미터로 추정됐습니다. 이 시나리오가 확실한 것은 아닙니다. 남극 빙상 용융 경로가 불안정해 상황에 따라 다른 변수와 결합해 지구 해수면을 평균 1미터 이상으로 끌어올릴 수도 있기 때문입니다.

앞에서 살펴본 대로 남극 대륙 얼음의 질량 손실은 주로 서남극 빙상에서 일어납니다. 2000년대 이후 서남극 빙상 손실량이 증가하면서, 남극 대륙 얼음 전체의 손실에 크게 영향을 미쳤습니다. 주된 이유는 육지에 자리한 빙상의 끝부분인 빙붕의 붕괴입니다. 빙상 끝단에서 바다 위로 길게 뻗은 빙붕은 빙상이 녹는 것을 막아 주는 울타리 역할을 합니다. 그런데 서

미래 세대를 위한 기후 위기를 이겨 내는 상상력

남극 지역에서 과거보다 따뜻해진 바닷물과 접하면서 빙붕이 얇아지고 있습니다.

빙붕은 빙상의 연장으로 해안에서 바다 위로 뻗어 있는 두꺼운 얼음판을 말합니다. 빙붕의 두께는 약 50~600미터이며 바다로 수십~수백 킬로미터까지 뻗어 나갑니다. 남극 대륙의 주요 빙붕은 모두 15개입니다.

'균형' 상태의 빙붕은 이미 바다 위에 떠 있는 상태여서 일부가 녹는 것 그 자체로 해수면 수위에 직접적인 영향을 미치지는 않지만, 기존 빙붕이 녹아 사라지고 그 자리에 새로운 얼음이 밀고 내려와 기존 빙붕을 대체하면 해수면 상승이 일어납니다. 바다에 새롭게 담수를 추가한 것이기 때문입니다. 바닷물이 얼어 있는 북극의 얼음(해빙)이 녹았을 때와는 해수면에 미치는 영향이 다릅니다.

결국 빙붕의 붕괴는 대륙 빙하의 얼음 손실을 늘리고, 해수면을 끌어 올립니다. 남극 대륙 빙하의 90퍼센트가 일종의 부벽인 빙붕을 통해 지탱되고 있습니다. 빙붕은 남극 대륙 빙하의 방어선인 셈입니다. 2012년 과학 저널 《네이처》에 등재된 한 연구에 따르면 54개 빙붕 중 20개가 얇아지고 있으며, 가장 광범위하고 빠르게 손실을 겪는 빙붕은 서남극에서 발견되었습니다. 이 빙붕이 남극 빙하 질량 손실의 가장 큰 원인으로

스웨이츠 빙하의 모습 ©미국항공우주국

지목된 '스웨이츠(Thwaites) 빙하'입니다.

스웨이츠 빙하는 붕괴 속도가 빨라 '종말의 빙하'라고 불립니다. 여기서 매년 500억 톤의 얼음이 녹아 전 세계 해수면 상승의 약 4퍼센트를 담당하는 것으로 분석됩니다. 지난 몇 년 사이 스웨이츠 빙하에서 남극의 다른 곳보다 더 많은 질량이 손실됐습니다. 이 빙하가 완전히 사라지기까지는 몇 세기가 걸리겠지만, 완전히 소멸한다면 전 세계 해수면을 65센티미터 끌어올리게 됩니다.

미래 세대를 위한 기후 위기를 이겨 내는 상상력

바닷속 거대 장벽 만들기

2022년 파키스탄에 '스테로이드 몬순'으로 명명된 폭우가 내리면서 국토의 3분 1이 물에 잠기는 사태가 빚어졌습니다. '스테로이드 몬순'과 같은 이상기후를 만들어 내는 지구 온난화는 해수면 상승까지 일으켜 파키스탄과 같은 저지대 국가를 협공하게 됩니다.

그린란드와 남극 대륙의 빙하는 이번 세기의 해수면 상승에 다른 어떤 요인보다 많은 기여를 할 것으로 예상됩니다. 특히 '종말의 빙하'인 남극의 스웨이츠 빙하는 향후 해수면 상승의 주요 원인으로 추정되며 이미 빠른 속도로 녹고 있습니다. 극지방 바다에서는, 소금 농도가 더 진한 따뜻한 해수가 깊은 곳에서 흐르고 더 차갑고 담수에 가까운 물은 위쪽에 있습니다. 이 따뜻한 물이 빙붕의 밑부분을 공략해 빙붕을 불안정하게 만듭니다.

과학자들은 스웨이츠 빙하를 따뜻한 바닷물로부터 보호하는 거대한 수중 장벽 건설 프로젝트를 구상 중입니다. 바위와 모래로 된 장벽은 온난한 해수가 빙붕의 밑을 침식하는 것을 막아 빙붕의 기반을 보호하게 됩니다. 녹는 속도 또한 당연히 떨어집니다.

바다 밑에 건설될 장벽은 얼음의 엄청난 무게를 견딜 수 있을 만큼 튼튼해야 하며 정확한 위치에 배치되어야 합니다. 벽의 크기는 빙하의 크기에 따라 달라질 수밖에 없습니다. 스웨이츠 빙하와 같이 큰 빙하는 가로세로 50킬로미터×300미터가량의 장벽이 필요합니다. 비교적 작은 규모인 그린란드 서부의 야콥스하운 빙하엔 가로세로 5킬로미터×100미터 벽으로 충분할 겁니다. 장벽의 재료는 대륙붕에서 확보할 계획입니다.

스웨이츠 빙하에 인공 장벽을 만든 효과를 모의실험한 결과 수중 벽은 따뜻한 해류가 얼음에 도달하는 것을 약 70퍼센트 차단했습니다. 이에 따라 스웨이츠 빙하가 400세기가량 더 유지될 것으로 추정됐습니다.

인공 장벽은 재앙을 늦출 수 있지만 완전히 예방하지는 못합니다. 다른 지구공학 프로젝트와 마찬가지로 시간을 벌어 줄 뿐 이산화탄소 배출량 자체를 줄이는 과업을 대신할 수는 없습니다. 시간을 벌어야 할 긴급한 또는 합당한 필요가 있을 때는 면밀한 계산하에 이런저런 아이디어의 시행을 검토해 볼 수도 있겠습니다.

8

지키고 적응하라

북극권은 대략 북위 66.5도를 연결한 북극선 위쪽 지역을 말합니다. 하지(夏至: 양력 6월 21일경으로 북반구에서 낮이 가장 길고 밤이 가장 짧다) 때 태양이 지지 않는 백야(白夜) 현상과 동지(冬至: 양력 12월 22일이나 23일경으로, 북반구에서 낮이 가장 짧고 밤이 가장 길다) 때 태양이 뜨지 않는 극야(極夜) 현상이 북극권에서 나타납니다. 둘레가 1만 6000킬로미터에 달하는 북극권은 미국, 러시아 등 8개국 영토와 영해에 걸쳐 있는 매우 넓은 지역이지요.

북극은 전 세계 기후에 막대한 영향을 미칩니다. 해수면 상승으로 인한 침수, 홍수, 태풍, 가뭄, 폭염 등 이상기후 발원지를 따라가다 보면 결국 북극 기후 변화에 당도하게 됩니다. 전문가들은 북극이 지구 전체의 기후 위기 수준을 가늠하는 '탄광 속 카나리아'라고 입을 모읍니다. 카나리아는 19세기 말부터 1980년대 후반까지 석탄 광산에서 일산화탄소 감지를 위해 이용되었어요. 다가올 위험을 미리 알리는 역할을 합니다.

해수면 상승으로 사라질 섬나라들

미국 버팔로 대학의 제이슨 브리너 교수가 2022년 해양학회 저널 《오션그래피》에 게재한 논문에 따르면 2000년대 이후 녹아내린 그린란드 빙상의 질량은 산업화 이전과 비교해 매년 약 1000억 톤 늘었습니다. 21세기 빙상 손실 시뮬레이션을 돌린 결과 그린란드 남서부에서만 최소 8조 8000억 톤에서 최대 35조 9000억 톤의 빙상이 사라질 것으로 예측했습니다.

그린란드의 빙상 감소는 해수면 상승으로 이어집니다. IPCC 제1 실무그룹 보고서는, 해수면을 높이는 주요한 원인으로 빙하와 빙상 손실을 꼽았습니다. 그린란드 빙상이 녹으면서 해수면은 지속해서 높아져 2100년까지 최소 0.28미터에서 최대 1.01미터 상승할 것으로 보입니다.

미래 세대를 위한 기후 위기를 이겨 내는 상상력

해발고도가 높지 않은 섬과 저지대 해안 도시가 수 세기 내에 지도에서 사라질 운명에 처했습니다. 현재 세계 인구의 약 10퍼센트가 해발 10미터 미만의 해안 지역에 거주하고 있습니다. IPCC가 발간한 《해양 및 빙권 특별보고서》에 따르면 이미 진행 중인 해수면 상승이 해안 저지대에 홍수와 해안 침식 위협을 가하고 있습니다. 해수면 상승이 급격한 해안 개발과 맞물려 2100년까지 연간 홍수 피해 규모를 2~3배로 키울 전망입니다.

해수면 상승으로 존립을 흔드는 직접적 위험에 처한 곳은 몰디브, 투발루와 같은 섬나라입니다. 몰디브는 국토의 평균 해발고도가 1미터 안팎에 불과해 해수면 상승, 홍수와 같은 기후 위기에 극도로 취약할 수밖에 없습니다. 몰디브의 1190개 산호섬 가운데 80퍼센트 이상의 해발고도가 1미터 미만입니다. 지구 온난화로 해수면이 매년 0.8~1.6밀리미터 상승한다면, 2100년에 국토의 약 80퍼센트가 바다에 잠길 것입니다.

영국의 일간지 《가디언》에 따르면 남태평양의 섬나라 키리바시는 해수면 상승에 대비해 자국 내 섬들을 해수면 위로 들어 올릴 계획을 2020년에 세웠습니다. 해수면이 91센티미터 상승하면 키리바시 국토의 3분의 2가 바닷속으로 사라집니다. 한때 2000킬로미터 떨어진 이웃 나라 피지로 대규모 이주를 준비하기도 했습니다. 기후 위기로 인해 최근 본격적으로 떠오르고 있는 '기후난민' 문제가 키리바시 사람들에게는 조금 일찍 찾아온 미래였습니다.

이론상 해빙이 녹는다고 해수면이 상승하진 않습니다. 바다에 떠 있는 해빙은 해수면 상승에 물리적인 영향을 미치지 않기 때문입니다. 그린란드와 남극 대륙과 같은 육지 위의 얼음, 즉 육빙이 녹게 되면 해수면을 높일 뿐 아니라 바닷물 온도 및 염분 농도에 변화를 일으킵니다. 지구 에너지 평형과 물 순환 과정에 영향을 미쳐 결과적으로 기후 생태계에 강력한 일격을 가하게 됩니다.

육빙의 손실은 해양에 영향을 미치는 것에 그치지 않고 담수 부족을 일으킵니다. 《해양 및 빙권 특별보고서》는 세계 곳곳이 이미 '피크 워터(Peak Water)'에 도달한 상태라고 분석했습니다. '피크 워터'는 사용 가능한 물의 소비 속도가 보충 속도를 앞지르는 시점을 가리킵니다. 빙하가 줄어들면 인간 세계의 담수 공급량이 감소합니다. 스위스, 네팔 등의 빙하는 비와 함께 인간 세계의 중요한 담수 공급원입니다. 빙하에서 흘러나와 인간 세계에 닿는 물이 점점 줄어들어 곧 전 세계가 '피크 워터'를 마주하게 되리란 설명입니다.

툰드라와 UFO

북극 빙하와 함께 툰드라가 녹으며 기후 위기는 가속되고 있습니다. 툰드라는 북극해 연안의 영구 동토층 일대를 가리킵니다. 미국의 노던애리조나 대학의 연구진이 2020년 《네이처 커뮤니케이션스》에 발표한 논문에 따르면 위성사진을 이용해 툰드라 지역을 분석한 결과, 1985년부터 2016년까지 툰드라 지역의 약 38퍼센트가 갈색에서 녹색으로 변화한 것으로 나타났습니다. 녹고 있다는 뜻입니다. 툰드라가 녹으면 언 땅 안에 갇혀 있던 이산화탄소와 메탄 등 온실가스가 땅 밖으로 튀어나옵니다. 툰드라의 해빙(解氷)은 지구 온난화의 결과이지만, 동시에 온난화를 가속하는 악순환을 만듭니다. 북극해에서 알베도 현상과 관련하여 나타난 '양의 피드백'이 툰드라에서도 목격되고 있는 것이지요.

영구 동토층은 땅이 최소 2년 이상 얼어 있는 지역으로 극지방에 넓게 분포합니다. 스웨덴의 '북극 지도정보 전문기관 (NORDREGIO)'에 따르면 2017년 기준 북극권의 영구 동토층에는 약 1100개의 거주 지역에 약 500만 명이 살고 있습니다.

지구 표면의 평균 온도가 1.5도 오를 때 북극은 '양의 피드백'에 따라 2~3배 더 빨리 따뜻해져 3~5도 상승할 것으로 예측됩니다. 1.5도는 파리기후변화협약에서 인류가 합의한, 산업화 이전 대비 지구 표면의 평균 온도 상승폭 제한 목표이지만 목표 시한인 2100년에 (그렇지 않기를 바라지만) 1.5도보다는 더 올라간다는 게 일반적 예측입니다.

이에 따라 툰드라에서는 땅이 녹아 가라앉고 산사태가 발생하며 바다 얼음의 감소로 해안 마을은 폭풍과 해일에 보다 직접적으로 노출돼 더 취약해집니다. 땅이 녹으며 생긴 틈으로 지하에 모여 있던 메탄이 새어 나옵니다. 얌전하게 조금씩 새어 나오지 않고 폭발해 버리면 커다란 구덩이가 만들어집니다. 시베리아 등지에서 발견된 이 구멍들은 한때 UFO 착륙의 흔적이라는 둥 여러 추측을 낳았지만, 지금은 메탄이 폭발한 구멍으로 봅니다.

사라지는 마을들

캐나다 북서부에 자리한 소도시 이누빅의 아주 작은 마을 '툭토약툭'은 마을 전체가 영구 동토층 위에 있습니다. 2021년 9월, 툭토약툭 주민들은 기후 변화로부터 마을을 보호하는 데 최소 4200만 달러가 든다는 얘기를 듣게 됩니다. 하지만 진짜

미래 세대를 위한 기후 위기를 이겨 내는 상상력

영구 동토층 해빙으로 무너져 내린 알래스카의 해안선 ⓒ 미국지질조사국

문제는 어떠한 보호 조치를 취해도 2052년 이후에 마을이 남아 있을지 기약할 수 없다는 것이었습니다. 현재 툭토약툭은 매년 평균 2미터씩 침식되고 있습니다. 영구 동토층이 지금과 같은 속도로 녹는다면 2050년쯤에 마을 전체가 사라지게 됩니다.

국토 상당 부분이 영구 동토층인 러시아 북부 도시들에서 건물이 무너지고 있습니다. 영구 동토층 지하에서 물이 얼었다가 녹으면서 땅이 팽창하고 수축하기를 반복하기 때문입니다. 영구 동토층 위에 만든 도로가 붕괴하고 있습니다. 원주민인 이누이트족 또한 세대를 넘어 오랜 시간 지켜 온 그들의 생활방식을 지키기 힘들어졌습니다. 영구 동토층 위에 난 그들의 길이 땅이 뒤틀리며 사라지고 있기 때문입니다.

　지구 온난화에 따른 그린란드와 남극의 빙하 용융의 직접적 결과는 앞에서 살펴본 대로 해수면 상승입니다. 미국 알래스카주 작은 섬마을 '시시마레프' 주민들은 아예 섬을 버리고 내륙으로 이주합니다. 해수면 상승으로 섬 전체가 물에 잠길 위기에 처했기 때문입니다. 2016년 주민 투표를 통해 고향을 떠나기로 했습니다. 시시마레프는 이누이트족이 4000년 넘게 거주한 알래스카주 섬으로, 이주를 결정할 때 약 600명의 주민이 살며 어업으로 생계를 이어 가고 있었습니다. 하지만 폭풍, 해안 홍수와 같은 기후 위기로 섬이 사라질 위기에 처하자 조상 대대로 지켜 온 땅을 버리기로 결정합니다.

　그해 2월에는 멕시코만에 있는 미국 남부 루이지애나주 작은 섬 '진 찰스'의 주민 약 60명이 미국 최초의 기후 난민으로 지정되었습니다. 이곳은 영구 동토층이 아니지만, 석유 및 가스 개발 등으로 지반이 심각한 영향을 받은 데다 해수면 상승 및 침식으로 섬의 98퍼센트가 사라져 주민들은 다른 지역으로 이주해야 했습니다. 《뉴욕타임스》는 지구 온난화 여파로 정착지를 잃고 기후 난민이 된 이들을 '탄소 피해자'라고 지칭했습니다.

미국 회계감사원(GAO)에 따르면 홍수와 침식으로 소멸 위협을 받는 미국 내 마을은 2004년 4개에서 2009년에 31개로 늘었습니다. 2019년에는 알래스카에서만 원주민 마을 70개 이상이 침식, 홍수 또는 영구 동토층 손실로 중대한 환경 위협에 직면했다고 보고되었습니다.

해안 지역은 내륙보다 기후 변화와 자연재해에 더 취약합니다. 홍수, 침식, 해수면 상승과 같은 극단적인 기상 현상이 해안 지역 사회의 삶과 생계를 뒤바꾸고 있습니다. 지구 온난화로 인한 해수면 상승은 해안 범람의 가능성을 높여 사회 기반 시설에 상처를 입히고 농작물을 파괴하는 등 인류 문명을 위험에 빠트립니다.

2019년 《네이처》에 발표된 한 연구는, 해수면 상승에 따른 2050년까지의 피해 최소 예상치를 기존 연구보다 3배 높게 잡아 전 세계에서 1억 5000만 명이 삶의 터전을 잃을 수 있다고 전망했습니다. 최소 예상치이기에 실제로는 더 많은 사람이 시시마레프 주민처럼 현재 사는 곳을 떠나야 한다는 이야기입니다. 또한 전 세계 해안 지역은 지금 예상하는 것보다 더 위협적인 미래에 대비해야 할 것이라고 지적합니다. 영구 동토층이 녹고 있는 툰드라에 국한한 위협이 아닙니다. 미국에서는 해수면 상승으로 해안가 주민이 내륙으로 대규모 이주

함에 따라 인구가 재배치될 것으로 보고 있습니다. 실제로 미국 해안에서 바다가 육지로 범람하는 빈도가 과거보다 많이 증가했습니다.

미국 해양대기청의 《2022년 해수면 상승 기술 보고서》에 따르면 미국 해안가 해수면은 2050년까지 30센티미터가량 높아집니다. 이 수치는 1920~2020년에 이르는 100년간의 해수면 상승치와 비슷합니다.

유럽에서는 100년에 한 번꼴로 발생하는 극단적인 해안 홍수가 지구 온난화 심화로 1년에 한 번 정도로 더 자주 발생할 수 있다고 우려합니다. 유럽 인구 3분의 1이 해안 50킬로미터 이내에 살아 해수면 상승과 홍수는 유럽인에게 심각한 영향을 미치게 됩니다. 온실가스 배출을 줄여 지구 온난화를 늦추는 것이 최악의 결과를 예방하는 근본 해법이긴 하지만 인류가 최선으로 온실가스를 줄인다고 하여도 해수면 상승 자체를 막을 수 없는 것이 현실입니다. 지구 온난화를 늦추기 위한 근본적인 노력과 함께 기후 변화로 달라지는 새로운 환경에 적응하는 방안을 적극적으로 마련해야 한다는 뜻입니다.

네덜란드의 해안 보호 솔루션

네덜란드는 호수, 강, 운하가 많은 저지대 국가로 홍수가 발생하기 쉬운 지형을 갖고 있습니다. 오래전부터 네덜란드 사람들은 물과 함께 살아가는 방법을 찾았기에 현재의 해수면 상승에 비교적 잘 대처하고 있으며 해법을 전 세계에 공유하고 있습니다.

네덜란드는 해안 홍수로부터 국토를 보호하고 국민이 사용하기에 충분한 담수를 확보하는 한편 기후 변화에 대응하기 위해 2000년에 '델타 프로그램'을 시작했습니다. 이에 앞서 1953년에 국토 남서부 쪽에서 바닷물이 범람하여 대홍수가 일어나자 해안선과 제방에 관한 조치 등을 담은 '델타 플랜'을 1955년에 도입했습니다. 현재 기후 변화로 점점 더 극단적인 기후가 다가오고 있어 대응 방법을 매년 갱신합니다.

네덜란드는 해수면 상승 폭에 맞추어 해안 구역을 성장시켜 높이는 방법을 씁니다. 이 방법은 '해변 영양(Beach Nourishment)' 혹은 '해변 보충'으로 불리는데 침식을 방지하고 해변 너비를 늘리기 위해 해변에 다량의 모래를 뿌립니다.

전통적인 해변 영양의 방식은 200~500만 세제곱미터 정도의 모래를 사용하고 약 5년 간격으로 산포하는 것이었습니다.

해안 보호 솔루션 '샌드 모터 프로젝트'를 시범적으로 실험한 해안가 ©Zandmotor

하지만 연구 결과 모래가 충분하지 않았고 간격이 밭아서 생태계가 교란되는 문제점이 발견됐습니다. 예를 들어, 새로운 모래는 이미 해안에 있는 천연 모래와 입자 크기나 화학적 구성이 다를 수 있으며, 이는 해변 동물이 의존하는 서식지의 변화를 뜻하기에 동물이 피해를 볼 수 있습니다.

이러한 문제를 해결하기 위해 네덜란드는 친환경 해안 보호 솔루션 '샌드 모터' 프로젝트를 시행합니다. 해안선을 홍수로부터 보호하면서 해안 고유의 자연적인 과정을 고려하여 생태 교란을 줄이는 프로젝트입니다.

미래 세대를 위한 기후 위기를 이겨 내는 상상력

모래는 바람과 해류 같은 자연의 힘을 활용하여 해안가를 따라 점진적으로 뿌리되 기존 방법보다 훨씬 더 많은 모래를 퇴적하여 보호 시스템이 더 오래 유지되게 하는 게 '샌드 모터' 프로젝트의 특징입니다. 이 프로젝트가 시범 진행된 네덜란드 델플란트 해안에서는 향후 20년 추가적인 해변 영양이 필요하지 않으리라고 예측되었습니다. 성공적이라는 이야기입니다.

유럽 최대 무역항 네덜란드의 로테르담도 물에 잠길 위험에 처해 있습니다. 보통은 제방을 쌓아서 해수면 상승에 대비하지만, 제방이 꼭 안전한 대책이라고 할 수는 없습니다. 해수면이 계속해서 높아지면 결국 10미터 방벽 뒤에 엄청난 양의 바닷물을 두고 생활하는 극단적인 상황이 생길 수 있기 때문입니다.

로테르담에 있는 엔트라그츠폴더는 8만 9000제곱미터 넓이의 스포츠 경기장입니다. 이 경기장은 홍수가 닥치면 400만 세제곱미터의 물을 저장할 수 있는 물탱크로 변신합니다. 물과 대놓고 싸우는 대신 경기장을 큰 저수지가 되도록 설계하여 물이 해안을 넘쳐 들어와도 흐를 수 있는 공간을 만들어 주어 삶에 피해가 가지 않게 한 셈입니다.

1997년 완공된 매스란트케링 방벽은 평소에는 바닷물 흐름

매스란트케링 ⓒ네덜란드 관광청

을 방해하지 않기 위해 수문을 열어 두지만, 재난이 우려되면 부채꼴 모양을 한 2개의 수문을 닫아 해수의 범람을 막습니다. 수문 각각은 길이 237미터, 최대 높이 20미터이며 에펠탑 4배 무게입니다. 매스란트케링은 도시의 첫 번째 방어선으로 로테르담 항구의 선박과 주민을 보호하려는 목적으로 건설되었습니다. 컴퓨터로 해수면 상승을 계속 모니터링하여 수위가 기준 수면을 3미터 초과하면 문이 자동으로 닫힙니다. 네덜란드에서는 수중 농장, 물에 뜨는 주거 공간 등 물과 함께 살아가는 방안을 지속해서 찾고 있습니다.

미래 세대를 위한 기후 위기를 이겨 내는 상상력

독일의 해양 침식 방지 솔루션, '엘라스토코스트'

독일 화학 기업 바스프의 '엘라스토코스트'는 식물성 원료와 암석을 결합한 해안 침식 방지 솔루션입니다. 이 혼합물을 해안가에 뿌리면 파도의 에너지를 흡수하여 파도의 파괴력을 줄이는 효과를 거둡니다. 무독성 친환경 원료를 이용했기에 해양 생태계에 나쁜 영향을 미치지 않고 암석이 돼 주변 경관과 통합된다는 게 장점입니다.

우리나라에서도 엘라스토코스트 솔루션을 적용하고 있습니다. 기후 변화와 인위적인 개발로 모래사장의 폭이 좁아지거나 도로가 사라지는 등 해안 침식 피해가 반복해서 발생하는 곳에 시험하고 있지요. 2012년 전남 진도군 관매도 해변 300제곱미터에 국내 첫선을 보인 엘라스토코스트가 몇 차례 태풍을 겪고도 해안선이 온전한 모양을 유지해 그 우수성을 입증했습니다. 이후 2019년까지 강릉, 통영, 거제 등 30개 이상의 해변에 엘라스토코스트 솔루션이 시행되었습니다. 엘라스토코스트는 독일, 네덜란드, 프랑스 등 유럽을 넘어 우리나라, 미국, 태국, 중국 등 세계 여러 나라에서 활용하고 있습니다.

해수면 상승은 전 지구에 영향을 미치기에 복원과 함께 현실적인 적응이 기후 위기 대응 매뉴얼에 포함되어야 합니다.

도로와 다리는 더 강력한 폭풍을 견디도록 건설되거나 개조되어야 하며 해안에 자리 잡은 도시는 해안 홍수를 방지하기 위한 더 견고한 시스템을 구축해야 합니다. 기후 영향에 탄력적으로 대응하려면 경제와 사회 전반을 바꿔 나가야 합니다.

미국 정부는 하와이 라하이나 마을의 해안 고속도로를 내륙 쪽으로 약 3.7미터 이동할 계획을 세웠습니다. 이곳은 하와이에서 기후 변화 위협이 큰 대표적인 고속도로입니다. 하와이에서 향후 30년 사이 해수면이 15~20센티미터 상승할 것으로 예상됩니다. 라하이나 마을의 도로 이동에는 400만 달러가 넘는 예산이 필요하고, 도로 이동에 따른 토지 수용, 소음 등 파생하는 문제가 많습니다. 무엇보다 도로 이동은 그야말로 단기적인 해결책일 뿐 보다 근본적인 대책이 필요하다는 지적이 이어지고 있습니다.

2022년 IPCC가 제6차 보고서에서 "지금이 아니면 영원히 할 수 없다(Now or Never)."라고 한 경고를 더는 무시해서는 안 됩니다.

미래 세대를 위한 기후 위기를 이겨 내는 상상력

9

맹그로브 숲이
지키는 것들

맹그로브 숲은 조간대에 형성돼 있습니다. 조간대는 만조 때의 해안선과 간조 때의 해안선 사이에 있는 부분입니다. 물이 들이차는 만조 때에는 바닷물에 잠기고 물이 빠지는 간조 때에는 공기에 노출되어 생물이 살기에 혹독한 환경입니다. 대부분의 나무는 이런 환경에서 살 수 없지만 맹그로브는 바닷물 속에서 자라면서 해안의 자연재해를 예방하는 완충림 역할을 합니다. 해안 완충림은 태풍, 해일, 쓰나미 등과 같은 자연재해로부터 해안이 받는 충격을 완화하고 수많은 뿌리가 토양을 고정하여 토양의 침식을 억제합니다. 조류 속도를 늦출 뿐 아니라, 해류·파도·조수에 의한 침식을 방지하고 영양분이 풍부한 물질이 바닥에 축적되는 걸 돕습니다.

　독특한 뿌리 시스템 덕분에 해수면이 상승하는 시기에는 서서히 육지로 이동하고, 해수면이 낮아지는 시기에는 슬금슬금 바다로 이동합니다. 맹그로브 숲은 나무 받침뿌리가 빽빽하게 엉켜 있어 마치 물 위에 떠 있는 것처럼 보입니다. 또한 다른 나무보다 탄소를 월등하게 많이 흡수해 기후 위기 시대에 꼭 필요한 식물이라고 하겠습니다.

해안을 보호하고 탄소를 저장하는 숲

　맹그로브는 약 80종이 있고 작은 관목부터 물 위로 40미터나 자라는 것까지 다양합니다. 모든 맹그로브 나무는 물이 천천히 흘러 매우 잔 알갱이가 바닥에 쌓일 수 있는 저산소 토양에서 자랍니다. 맹그로브는 낮은 온도를 견디지 못합니다. 적도 근처 열대 및 아열대 위도 부근에서만 자생하는 이유입니다.

　맹그로브 숲의 혜택은 2017년 초강력 허리케인 어마(Irma)가 미국 플로리다주를 덮쳤을 때 분명하게 확인됩니다. 맹그로브 숲이 어마로부터 15억 달러 상당의 직접적인 홍수 피해를 방지하고 50만 명 이상의 사람을 보호한 것으로 파악되었기 때문입니다. 그뿐만 아니라 복잡한 맹그로브 뿌리 체계는 물에서 질산염과 인산염을 포함한 많은 오염 물질을 걸러 낼 수 있어 강이나 하천에서 하구 및 해양으로 연결되는 곳의 수질을 개선합니다. 물고기와 다른 많은 생명체에게 포식자로부터 음식과 피난처를 찾을 수 있는 서식지를 제공합니다.

맹그로브 숲의 보존과 복원을 통해 탄소 배출권을 성공적으로 판매한 세계 최초의 지역 사회 기반 프로젝트인 '미코코 파모자(Mikoko Pamoja)'가 2023년에 발족 10주년을 맞이했습니다. '맹그로브와 함께(mangroves together)'라는 뜻의 '미코코 파모자'는 케냐 남부 해안 가지(Gazi)만의 맹그로브 숲 100헥타르 이상을 관리하고 있습니다.

맹그로브 숲은 해안선을 보호하고 연료, 목재, 물고기 등을 공급하며 야생동물에게 서식지를 제공하는 데에 그치지 않습니다. 미국 플로리다 주민들은 맹그로브 숲을 통해 태풍 피해를 줄일 수 있었고, 케냐 가지만 사람들은 이 숲을 이용해 생계를 유지합니다. 혜택의 크기를 비교할 수는 없지만 케냐인이 누리는 혜택이 더 직접적인 셈입니다.

1980년대부터 합법과 불법 그리고 상업 벌목이 이루어져 가지만 일대의 맹그로브 숲이 점차 사라지고 있었습니다. 숲

맹그로브 묘목 식재 모습 ©미코코 파모자

의 손실은 일상생활 속 자원 고갈, 어업 위축, 해안 침식 등으로 이어졌습니다. 이에 따라 가지만 등 맹그로브 숲이 훼손된 지역을 중심으로 복구와 지속가능한 활용에 관한 연구와 노력이 시작되었습니다.

케냐의 해양수산연구소(KMFRI) 연구팀은 맹그로브 탄소 배출권의 판매를 목표로 2013년 영국의 파트너와 함께 이 프로젝트를 시작해 현재 연간 1만 5000달러의 수익을 창출하고 있습니다. 탄소 배출권은 지구 온난화를 가중하는 온실가스

미래 세대를 위한 기후 위기를 이겨 내는 상상력

를 일정 기간 배출할 수 있는 권리입니다. 이 배출권을 할당받은 기업은 할당 범위 내에서 온실가스를 사용해야 하고, 남거나 부족할 때는 시장에서 거래를 통해 조정할 수 있습니다. 가지만 인근 지역 사회는 매년 약 4000그루의 맹그로브 묘목을 심기로 약속했습니다. '미코코 파모자'를 통해 맹그로브 숲이 복원되면서 지난 10년간 약 1만 4000톤 이상 이산화탄소를 줄였습니다. 이산화탄소를 줄인 만큼의 탄소 배출권을 시장에 팔 수 있게 된 거지요. 맹그로브 숲의 이산화탄소 저장 능력을 활용한 새로운 수익 사업이 가능해진 것입니다. 기후 위기 시대에 추가된 맹그로브의 새로운 혜택입니다.

맹그로브 숲은 바이오매스(생물체)와 해양 진흙에 이산화탄소를 저장합니다. 1헥타르당 1500톤 이상의 탄소가 숲 아래에 저장되어 있는데 육지 숲보다 8배 많은 양입니다. 맹그로브 숲이 천연 탄소 흡수원이 되기에 복원을 통해 탄소를 포집하고 저장함으로써 세계 시장에서 판매할 수 있는 탄소 배출권을 확보하게 됩니다.

'미코코 파모자'는 국제 비정부기구(NGO)인 '플랜 비보 파운데이션(Plan Vivo Foundation)'으로부터 발급받은 PVC(Plan Vivo Certificates)를 판매해 이익을 얻습니다. 하나의 PVC는 이산화탄소 1톤을 장기 격리 또는 경감했다는 증표입니다. '미코코

미코코 파모자 수익으로 운영되는 지역 사회 식수 지원 사업 ⓒ미코코 파모자

파모자'가 확보한 PVC는 탄소발자국을 관리하려는 많은 기업, NGO, 대학, 개인이 구매하고 있으며 2033년까지 배출권 판매가 가능할 전망입니다.

'미코코 파모자'에서 창출된 수익의 60퍼센트 이상은 지역 대표들이 주도하는 지역 사회 발전 특별 기금에 전달됩니다. 이 기금은 물과 위생, 교육, 건강 분야를 포함한 지역 사회 운영 및 '미코코 파모자' 프로젝트의 진행에 쓰입니다. 나머지 돈은 프로젝트 참여자의 인건비로 사용됩니다.

'미코코 파모자'는 온실가스를 줄이면서 생긴 수익을 지역

미래 세대를 위한 기후 위기를 이겨 내는 상상력

사회에 재투자하여 5400명의 주민에게 혜택을 주고 있습니다. 가지만 주변 지역 사회 주민의 70퍼센트 이상이 '미코코 파모자'의 탄소 배출권 판매 수익으로 깨끗한 물을 마실 수 있게 됐습니다. 아이 700명분의 교과서, 운동복, 학습 자료 구입을 지원하고 지역 주민에게 200개의 직·간접 고용 기회를 제공했습니다. 가지만 마을 주변에서 펼쳐지는 생태 관광 사업은 여성 27명이 관리하고 있으며 생태 관광 수입은 케냐 다른 지역에서 유사한 형태로 복제되는 프로젝트를 지원하는 데에 쓰입니다.

실제로 '미코코 파모자'를 모델로 가지만에서 남쪽으로 70킬로미터 떨어진 방가에서 '방가 블루 포레스트(VBF)'가 2017년에 개시되었습니다. 현재 VBF는 '미코코 파모자'가 포집한 이산화탄소의 두 배를 포집해 연간 3만 달러의 수익을 창출하고 있습니다. 수익은 마찬가지로 지역 사회 개발에 활용됩니다.

케냐는 또 다른 맹그로브 지역에서 유사한 모델을 지속해서 확장하는 것을 목표로 세웠습니다. 2017년에 '미코코 파모자'는 맹그로브 복구 및 보존을 실천함으로써 기후 위기 대응, 지역 사회 발전, 생물 다양성 증진 등에 이바지한 업적으로 유엔의 적도상을 받았습니다.

'맹그로브 액션 프로젝트'

국제습지연합(WI: Wetlands International)은 '맹그로브 액션 프로젝트(Mangrove Action Project)'라는 단체가 만든 접근법을 사용하여 기니비사우, 세네갈, 탄자니아에서 맹그로브 생태계를 복원하고 있습니다.

지역 사회 기반 생태적 맹그로브 복원(CBEMR: Community-Based Ecological Mangrove Restoration)을 특성으로 한 이 접근법은 인간의 간섭으로 엉망이 된 현장에서 자연 회복이 가능한 환경을 조성하는 데에 초점을 맞춥니다.

CBEMR의 핵심 요소는 개별 지역의 생태를 이해하며 문제를 해결하는 것입니다. 맹그로브 숲이 그 지역에서 자연적으로 재생되지 않은 이유를 알아내고 수정하려는 데에 집중하는 방법론입니다.

WI는 기니비사우 카셰우 국립공원에서 처음으로 CBEMR을 시행했고 3년 만에 총 200헥타르의 맹그로브 숲을 복원했습니다. 이 중 60헥타르는 기존 방식으로 맹그로브 나무를 심어 숲을 조성했고 나머지 140헥타르는 CBEMR 방식으로 복원했습니다. 그 결과 CBEMR을 적용한 현장에서 예상보다 빠른 속도로 맹그로브 나무가 다시 자랄 수 있는 환경이 조성됐다고 보고했습니다.

　탄자니아 루피지 삼각주에는 이 나라에서 가장 넓은 맹그로브 숲이 있지만 인간 활동과 기후 변화의 영향으로 상당한 면적이 없어졌습니다. 장작 및 목재를 구하는 이들의 과도한 벌채, 소금 생산, 농업 및 정착, 방목으로 맹그로브 서식지가 대거 파괴된 상태입니다.

　WI가 실시한 루피지 삼각주의 생태자원 현황 연구에 따르면 1991~2015년 사이에 벼농사로 7004헥타르의 맹그로브 숲이 사라졌습니다. 매년 맹그로브 숲 약 300헥타르가 소실됐다는 얘기입니다. 몇 년 후 논은 버려졌지만 맹그로브 숲은 돌아오지 못했습니다.

　CBEMR은 재생이 가능한 환경으로 전환하는 것을 목표로 삼습니다. 묘목을 옮겨 심는 기존 식재 프로젝트와 달리 CBEMR은 맹그로브 생태와 생명 활동을 고려해 자연 과정을 모방하여 맹그로브 숲을 복원하려고 합니다. 즉 인근에 자연 발생한 맹그로브 종자가 없을 때만 묘목을 구해와 새로 심습니다.

　사람이 손으로 묘목을 심으면 토양 조건을 고려하지 않고 일직선으로 심으려는 경향을 보여 오히려 효과적이지 않습니다. 묘목을 옮겨 심는 이런 식재 중심 복원 사업에서는 다루기 쉬운 종의 묘목만 활용하고 현장 적합성이 뛰어난 여러 다른 종을 사전에 고려하지 않아 생물 다양성을 제한하게 됩니다.

반면 CBEMR은 어떤 종이 특정 현장에 적합한지 판단하기 위해 염분 및 파도 에너지 등 해당 맹그로브 지역의 구체적인 환경을 반드시 미리 조사합니다. 묘목을 심지 않고 자연적으로 발생한 나무로 새로운 숲을 조성하는 이런 천연 갱신 방법은 생물 다양성을 가진 맹그로브 숲을 만들게 됩니다. 또한 묘목장과 묘목을 옮겨 심는 식재 비용을 절약할 수 있어 장기적인 관점에서 더 경제적입니다. 자연과 협력하는 방식이 더 효율적인 것으로 입증되고 있습니다.

CBEMR 접근법은 기술적으로 타당한 복원 방법을 도입하는 것을 넘어 무엇보다 맹그로브 복원의 장기적인 지속가능성을 훼손하는 사회 경제적 요인까지 다룹니다. 프로젝트가 성공하기 위해서는 지역 사회의 협력이 필수적이기 때문에 주변에 거주하는 사람들이 복구 과정에 참여할 수 있도록 독려합니다. 프로젝트의 시작 단계에서부터 지역 주민이 참여하는데, 예를 들어 '맹그로브 액션 프로젝트'는 탄자니아 키비티에서 참가자 28명을 대상으로 CBEMR 훈련을 시행했습니다. 더 나아가 교육 워크숍을 통해 프로젝트에 참여하는 이해관계자들의 요구를 통합하고 해결하여 프로젝트가 오래 지속될 수 있도록 합니다.

　세계 각지에서 최근 몇 년 사이에 맹그로브 숲 복원에 큰돈을 들였지만, 많은 사업이 실패했습니다. 성공률이 15~20퍼센트에 불과한 이유는 적절하지 않은 복원 기술을 사용한 데다 효과적인 복원에 필수적인 사회·경제·제도적 문제를 등한시한 채 눈에 보이는 현상만을 따라갔기 때문입니다.

　'미코코 파모자'와 '맹그로브 액션 프로젝트'는 기후 위기 대응의 중요한 실마리인 맹그로브 숲을 효과적으로 복원하고 주변 공동체의 생계와 지역 경제의 회복을 도왔습니다. 이런 접근법은 기후 위기와 팬데믹 속에서 지역 사회의 회복력을 높일 수 있는 큰 잠재력을 가지고 있다고 평가받습니다.

아시아의 허파 지키기

　유엔식량농업기구(FAO)에 따르면 2020년 기준 전 세계 맹그로브 숲의 면적은 1480만 헥타르. 대략 우리나라(남한) 면적의 1.5배 넓이입니다. 아시아에 555만 헥타르로 가장 넓게 분포하고, 아프리카(324만 헥타르), 북아메리카 및 중앙아메리카(255만 헥타르), 남아메리카(212만 헥타르), 오세아니아(126만 헥타르)

순입니다. 유럽에는 맹그로브 숲이 없습니다. 세계 전체 맹그로브 숲의 40퍼센트 이상이 인도네시아(19퍼센트), 브라질(9퍼센트), 나이지리아(7퍼센트), 멕시코(6퍼센트)에 있습니다.

전 세계 맹그로브 숲은 1990년 이후 30년 만에 104만 헥타르가 감소했습니다. 국제맹그로브연맹은 해안 침수와 개간으로 이제 복구가 불가능한 지역을 제외한 약 81만 헥타르의 절반인 40만 헥타르를 2030년까지 되살리겠다는 목표를 세웠습니다.

또 다른 목표로는 추가로 610만 헥타르를 보호구역으로 지정하여 현재 42퍼센트인 세계 맹그로브 숲의 보호구역 지정 비율을 장기적으로 80퍼센트로 끌어올리는 것이 제시됐습니다. 특히 가장 큰 손실이 일어나고 있는 동남아시아에서 인간 활동으로 인한 추가 손실 방지에 신경을 쓰고 있습니다.

2010년 세계자연보전연맹(IUCN)이 채택한 '생물 다양성 전략 계획'에 따라 2020년까지 전 세계 맹그로브 숲의 손실 비율을 2010년 대비 절반 수준으로 줄이겠다는 목표를 발표했으나 그 목표를 달성했는지는 확인되지 않았습니다.

유네스코는 매년 7월 26일을 '국제 맹그로브 생태계 보존의 날'로 지정하고 위기에 처한 맹그로브 숲의 상황을 알리고 있습니다. 맹그로브 숲 황폐화로 위기를 겪고 있는 베트남, 스리

미래 세대를 위한 기후 위기를 이겨 내는 상상력

랑카, 인도네시아 등 동남아 10개국은 '미래를 위한 맹그로브' 프로젝트를 통해 공동으로 맹그로브 숲 되살리기에 나섰습니다. 방글라데시와 인도에 걸쳐진, 세계적으로 큰 맹그로브 숲의 하나로 꼽히는 순다르반 지역(140만 헥타르) 맹그로브 숲 복원 사업은 '아시아의 허파 재생'으로 주목받고 있습니다.

세계에서 네 번째로 인구가 많은 인도네시아에서는 경제가 발전함에 따라 많은 맹그로브 숲이 개간되었습니다. 지난 30년간 756만 헥타르가 넘는 맹그로브 숲이 사라졌고 그 자리에 물새우와 밀크피시 양식장이 들어섰습니다. 2015년 기준으로 인도네시아 맹그로브 숲의 약 40퍼센트가 사라졌습니다.

인도네시아 국가개발계획청은 2045년까지 시행할 맹그로브 보존 장기 로드맵을 통해 맹그로브 복원을 위한 야심 찬 계획을 밝힌 상태입니다. 기후 위기 극복을 위해 해야 할 일이 산더미이지만, 그중 맹그로브 숲 복원 및 보존도 서둘러 해야 할 일 중 하나입니다. 우리나라에 맹그로브 숲이 없다고 꼭 남의 일인 것은 아닙니다.

새로운 북극곰이
나타났다

《내셔널 지오그래픽》에 따르면 2016년 기준 북극에 사는 북극곰은 약 2만 6000마리입니다. 북극해에서 얼음이 사라지는 것이 기정사실이어서 우리는 이 2만 6000마리 북극곰과 그 후손의 익사와 아사, 그리고 그 멸종을 21세기 내내 지켜보아야 합니다.

해빙 시점이 점점 더 빨라지고, 얼음이 다시 어는 시점이 더 늦어지면서 북극곰이 남아 있는 얼음과 얼음 사이, 얼음과 육지 사이를 헤엄쳐 이동하는 거리가 늘어납니다. 수영해서 멀리까지 이동할 수 있는 북극곰이지만 물에서 헤엄치는 것은 땅이나 얼음 위에서 걷는 것보다 훨씬 더 많은 에너지를 써야

미래 세대를 위한 기후 위기를 이겨 내는 상상력

합니다.

북극곰이 새알을 먹는 이유

새끼 북극곰에겐 더 큰 시련이 됩니다. 지금보다 상황이 조금이라도 나았던 2004~2009년에 수집한 자료에 따르면 새끼를 데리고 먼 거리를 수영해 이동한 어미 북극곰 11마리 중 5마리가 새끼를 잃었습니다. 새끼 북극곰은 몸집이 작아서 저체온증에 걸리기 쉽고, 축적해 놓은 지방이 적어 부력 부족으로 익사할 위험이 더 큽니다.

게다가 수영 중에는 먹이를 먹을 수 없고 엄마를 따라가려고 많은 에너지를 사용하다 보니 자칫 탈진하게 됩니다. 상대적으로 유리한 어른 북극곰이라 하여도 폭풍이 몰아치면 익사할 위험이 커진다고 합니다. 평소 바닷속에서 유영할 때 북극곰은 콧구멍을 닫아 물이 폐로 들어가는 걸 막지만 어류가 아닌 이상 폭풍 속에서 무한정으로 콧구멍을 닫고 지낼 순 없으니까요.

익사와 함께 아사 또한 북극곰이 직면한 심각한 위험이고 그 위험은 나날이 커집니다. 매년 여름 얼음이 녹기 시작하면

북극곰이 장시간 수영하면 그 시간에 전혀 쉬지를 못한다. ⓒ 미국지질조사국

캐나다 내해인 허드슨만의 북극곰들은 육지 쪽으로 이동합니다. 문제는 육지에 머무는 3개월 동안 북극곰의 주 먹이이자 에너지 함량이 높은 고리무늬물범과 턱수염바다물범을 사냥할 수 없다는 사실입니다.

북극곰은 에너지 소비를 최소화하기 위해 바다 얼음에 나 있는 원뿔 모양 숨구멍 위에서 몇 시간이고 기다리는 사냥 전술을 쓴다고 합니다. 바다표범과 같은 해양 포유류가 숨쉬기를 위해 만들어 놓은 구멍입니다. 바다표범이 숨을 쉬기 위해 수면 위로 떠 오르면 북극곰은 뒷다리로 버티고 선 채 앞발로 바다표범 머리를 때려 기절시킵니다. 그러곤 바다표범 목을

미래 세대를 위한 기후 위기를 이겨 내는 상상력

물어 다른 곳으로 끌고 가 먹어 치웁니다. 북극곰의 이러한 사냥 전술은 다른 사냥 방법보다 효율적인 것으로 알려져 있습니다.

북극 해빙(海氷)이 녹으면서 북극곰은 적절한 사냥터를 확보하지 못해 더 많이 이동하게 됩니다. 얼음이 녹아 있는 기간 즉 해빙(解氷) 기간이 늘어날수록 더 많이 이동하고 그럴수록 몸무게를 더 많이 잃어버립니다. 근육을 잃는다는 것은 힘을 잃는 것이어서 사냥에 성공할 확률 또한 떨어지게 됩니다. 악순환에 접어든 것이지요. 따라서 해빙 기간에 허드슨만의 육지로 이동한 북극곰들은 대체로 그동안 축적한 지방으로 육지 생활을 버텨 낸다고 합니다.

미국 지질조사국은 2018년 4월 알래스카의 북쪽 바다인 보퍼트해에서 9마리의 암컷 북극곰을 관찰했습니다. 관찰한 10일 동안 북극곰은 평균 약 35퍼센트의 시간을 활동에 썼고 나머지 시간에 휴식했습니다. 북극곰은 하루에 평균 1만 2325칼로리를 소모했는데, 상당 부분이 축적한 체내 지방에서 나왔습니다. 이 정도의 소모량은 이전 연구를 통해 예상한 것보다 약 60퍼센트 더 많습니다. 그 사이 체중이 10퍼센트 이상 줄었습니다. 관찰 대상 9마리 중 4마리가 바다표범을 한 마리도 잡지 못했기 때문입니다.

흰기러기 ©미국지질조사국

　해빙(海氷)이 불안정한 탓에 육지로 이동한 북극곰은 바다표
범을 사냥할 기회가 거의 없어 더 굶주리게 됩니다. 이때 몇몇
북극곰은 새의 알과 베리 같은 육지 음식을 먹습니다. 흰기러
기를 비롯한 철새들은 5월 말에 북극의 번식지에 도착해 8월
까지 둥지를 틀고 알을 낳습니다. 이 무렵은 북극곰이 바다 얼
음을 벗어나 육지에 도착할 가능성이 큰 시기입니다.

　새의 알은 북극곰이 허기를 달래기 위해 취하는 육지 음식
이지만 생존에는 큰 도움이 되지 않습니다. 보통 흰기러기 둥
지에는 4~5개 알이 있고 알은 일반적인 계란의 2배 크기이며
칼로리는 4~5배 높습니다. 북극곰이 바다표범 한 마리만큼

　　　　　　　　미래 세대를 위한 기후 위기를 이겨 내는 상상력

칼로리를 섭취하기 위해서는 약 88개 흰기러기알을 구해야 합니다. 결코 쉬운 일이 아닙니다.

　바다 얼음이 계속해서 녹는다면 북극에서 북극곰이 물에 빠져 죽거나 굶어 죽을 확률이 높아지는 것과 함께 흰기러기 같은 철새의 번식도 어려움에 봉착할 것입니다. 해빙 기간이 길어져 북극곰이 육지에서 더 많은 시간을 보내게 되면, 둥지 속 알이 점점 더 자주 북극곰의 표적이 될 것이기 때문입니다.

북극곰 멸종 시나리오

　북극 연구자인 라우라 카스트로 드 라 가디아 팀은 2013년 국제학술지 《글로벌 체인지 바이올로지》에 IPCC의 '배출 시나리오에 관한 특별보고서'를 바탕으로 허드슨만 바다의 얼음 상태를 예측해 21세기 북극곰 개체 수에 미치는 영향을 전망한 논문을 발표했습니다. 온실가스 방출에 따른 6가지 시나리오 중 B1(저배출), A1B(중배출), A2(고배출)의 시나리오가 사용되었습니다. 연구팀은 세 시나리오에 따라 2100년까지 허드슨만의 해빙 시점, 해빙 기간, 봄의 해빙 농도를 예측했습니다.

　온실가스 배출 수준이 2000년과 같은 수준으로 2100년까지 유지되는 시나리오와 비교했을 때 2090년부터 2099년까지 해빙 기간은 B1 시나리오에서 약 4.5주 더 길어질 것으로 예측됩니다. A1B 시나리오에서는 10.2주, A2 시나리오는 18.7주 더 해빙 기간이 더 길어집니다. 마찬가지로 해빙 시점은 기준 시나리오보다 B1 시나리오에서 2.5주, A1B 시나리오에서 3.9주, A2 시나리오에서 10.2주 더 앞당겨질 것으로 예측됐습니다.

A2 시나리오에서 2060년 이후, A1B 시나리오에서 2080년 이후 급격하게 떨어지기 시작하는 허드슨만 바다의 얼음 농도는 북극곰의 사냥을 방해하고 육지에 사는 기간을 늘려 영양 결핍에 의한 스트레스를 높입니다. 바닷물 얼음 농도가 50퍼센트 밑으로 떨어지면 사냥이 어렵기 때문에 북극곰은 육지로 이동해야 합니다. A1B와 A2 시나리오에서 서쪽 허드슨만의 봄에 북극곰 서식지인 바다 얼음은 2100년에 근접할수록 거의 사라집니다. 북극 바다에 얼음이 존재하지 않으면 북극곰은 사실상 멸종의 길에 접어들 수밖에 없습니다.

1987~2004년 서쪽 허드슨만의 북극곰 개체 수가 약 22퍼센트 줄었는데 그 시기에 해빙 기간이 약 2주 길어졌고 해빙 시점은 약 5~10일 빨라졌을 뿐입니다. 만약 A1B 또는 A2 시나리오가 실현된다면 2100년이 되기 전에 서쪽 허드슨만에서

미래 세대를 위한 기후 위기를 이겨 내는 상상력

북극곰을 볼 수 없을 것입니다.

혼혈 곰 '그롤라베어'와 기후 위기

알래스카에서 곰이 민가에 출몰한다는 소식이 종종 전해집니다. 2021년 미국 알래스카주 남동부에 있는 헤인즈 지역에서 새넌 스티븐슨이란 여성이 곰의 습격을 받은 사건이 있었습니다. 스티븐스는 이 지역 칠캣 호수의 캠핑장에서 화장실을 이용하던 중 정체 모를 생명체에 물려 다쳤는데, 나중에 이 괴생명체가 곰으로 밝혀집니다. 곰이 인간 활동 지역에 출몰하는 게 더는 이례적인 사건으로 받아들여지지 않습니다. 최근 들어 더 자주 발견되고 있습니다. 북극곰이 자신이 사는 곳을 떠나 인간이 거주하는 공간에 침입하게 된 원인이 지구 온난화라는 데에는 전문가들의 의견이 대체로 일치합니다.

내셔널지오그래픽 탐사팀(제이슨, 패트릭, 케이시)이 2014년에 기록한 알래스카 카크토비크 영상에서 기후 변화로 인해 민가로 내려온 북극곰 모습을 생생하게 볼 수 있습니다. 카크토비크는 알래스카 북쪽 해안에 있는 마을로, 겨울에 영하 50도 가까이 떨어져 알래스카에서도 추운 지역으로 꼽힙니다.

북극권 국립 야생보호구역 내에 있는 카크토비크 마을에는 이누이트족 250여 명이 거주합니다. 이들은 고래를 사냥해서 필요한 가죽과 지방을 분리하여 획득한 후 뼈 등 남은 것을 해변에 버리는데, 주민들에 따르면 버려진 고래 잔해를 먹기 위해 북극곰이 마을에 내려온다고 합니다.

여기서 지난 2006년 캐나다에서 인간에게 사냥당해 죽은 곰이 보통 북극곰과 생김새가 달라 연구 대상이 된 사건에 주목할 필요가 있습니다. 내셔널지오그래픽은 이 곰이 2006년에 처음 발견된 종으로, 캐나다 브리티시컬럼비아주에 위치한 생명과학 회사 WGI에서 DNA 검사를 한 결과 암컷 북극곰과 수컷 회색곰 사이에서 태어난 혼혈 곰이었다고 밝혔습니다.

캐나다 환경부의 야생동물 부서에서 일하는 연구원 이언 스털링은 새롭게 발견된 혼혈 곰에게 북극곰을 뜻하는 폴라(polar)와 회색곰을 뜻하는 그리즐리(grizzly)를 혼합해 '그롤라베어(grolar bear)'라고 이름을 붙였습니다. 외관상 그롤라베어는 북극곰과 회색곰 양쪽의 특징을 모두 지닙니다. 그롤라베어 털은 전반적으로 북극곰과 같은 흰색이고, 발 부분에 회색이 섞여 있었습니다. 몸 형태와 덩치는 북극곰과 더 유사하나 얼굴 생김새는 회색곰을 닮았습니다.

미래 세대를 위한 기후 위기를 이겨 내는 상상력

2006년 캐나다 야생에서 최초로 발견된 그롤라베어 ©Didji Ishalook/Facebook

그롤라베어가 발견됐을 때 미국 어류 및 야생동물 관리국의 알래스카 해양 포유류 관리 책임자는 새로운 혼혈 곰의 발견이 흥미로운 사건일 뿐 그 이상의 의미를 지니지 않는다는 반응을 보였습니다. 그롤라베어와 같은 새로운 혼혈종의 출현이 지구 온난화의 결정적인 증거가 된다고 결론짓기에는 이르다는 태도였지요. DNA를 검사한 WGI 또한 어떤 것도 결론지을 수 없으며 이러한 이종교배가 일회성인지 아니면 장기적으로 계속 일어날 일인지는 향후 추적해야 할 과제라고 덧붙였습니다.

2014년 내셔널지오그래픽 팀이 카크토비크의 고래 뼈 더미에 접근한 목적은 그롤라베어의 등장이 단순히 우연이 아님을 증명하기 위해서였습니다. 그롤라베어의 발견 이후 기후 변화로 인한 동물 서식지 이동과 이종교배 사례가 종종 관측되었습니다. 2010년에는 수컷 북극곰과 암컷 회색곰의 교배종인 '피즐리베어(pizzly bear)'가 발견되었습니다.

같은 해 미국 국립해양포유류연구소의 브렌든 켈리 연구팀은 과학 잡지《네이처》에 "기후 변화로 생태계가 파괴됨에 따라 북극 해양 포유류 34개 종이 이종교배가 가능한 환경에 처할 것"이라고 경고했습니다. 34개 종에는 일각고래-벨루가, 점박이물범-띠무늬물범 쌍을 비롯하여 북극곰-회색곰 쌍이 포함됐습니다.

켈리 또한 그롤라베어가 처음 발견된 2006년에는 그롤라베어에 큰 의미를 두지 않았습니다. 하지만 북극에서 탄생한 이종교배 종을 연구하면서 기후 변화와 이종교배의 연관성이 크다고 확신하게 됩니다. 켈리는 "북극 빙하가 녹으면서 서식지 사이의 벽이 허물어져 서식지가 겹치지 않았던 종간의 교배가 이루어지고 있으며 생태계 혼란으로 이어질 것"이라고 주장했습니다.

기후 변화와 이종교배 사이의 상관관계에 관한 연구들이 등장하고 기후 변화로 북극곰과 회색곰의 서식지 변화가 뚜렷해

미래 세대를 위한 기후 위기를 이겨 내는 상상력

지자 내셔널지오그래픽 탐사팀은 알래스카에서 그롤라베어를 관찰할 수 있을 것이라 예상하고 원정을 기획합니다. 탐사팀은 현지를 수소문하여 북극곰과 회색곰이 동시에 나타난다는 마을을 파악하였고, 더불어 그동안 보지 못한 생김새의 곰을 보았다는 증언까지 확보하여 현장에서 추적한 결과 뼈 더미를 찾아 마을에 내려온 그롤라베어를 포착하게 됩니다. 그롤라베어가 2006년에 단순히 일회성으로 발견된 것이 아니라 한 생물 종으로서 존재한다는 증거를 찾은 것입니다.

오래전부터 북극곰은 대체로 북극 지역 북쪽에, 회색곰은 북극 남쪽에 서로 분리되어 살았습니다. 하지만 기후 위기로 북극곰 서식지가 줄어들면서 전통적인 서식지 구분에 변화가 생깁니다. 북극 빙하 면적 감소가 결정적이었습니다.

빙하 면적 감소와 얇아진 얼음은 북극 해양 생태계에 큰 위협을 가합니다. 세계자연보전연맹(IUCN)은 '위기 생명 종 목록(Red List)'에서 북극곰을 취약(Vulnerable) 등급으로 분류하며 북극곰을 위협하는 가장 큰 원인으로 해빙 손실을 지목했습니다. 해빙 감소로 먹이를 사냥하기 어려워지자 먹이를 찾아 인간이 거주하는 육지로 북극곰이 내려오게 됐다고 보았습니다.

반면 북극 지역 남쪽에 살던 회색곰은 서식지 온도가 오르자 상대적으로 온도가 낮은 북쪽으로 올라갑니다. 결국 북극곰과 회색곰이 같은 영토를 공유하면서 두 종이 만나 짝짓기를 해 그롤라베어와 피즐리베어가 탄생하게 되었습니다.

재앙과 대안

그롤라베어 등장이 생태계에서 자연스럽게 일어나는 풍경이라고 여길 수도 있습니다. 동시에 그롤라베어와 같은 혼혈종은 그 자체로 생태계 교란을 보여 주는 증거이기도 합니다. 브렌든 켈리는 "생태계에서 일어나는 이종교배가 반드시 환경에 나쁜 것이 아니지만 급속하게 진행하는 지구 온난화로 수많은 종이 교배하고 잡종이 탄생하는 것은 생태계에 위협이 될 수 있다."고 경고합니다.

1980년 한 사냥꾼이 독특한 생김새의 고래를 그린란드에서 발견했습니다. 이 고래를 덴마크 자연사 박물관으로 옮겨 연구한 결과 일각고래와 벨루가의 이종교배에서 탄생한 고래(나루가)라는 사실이 밝혀졌습니다.

캐나다의 비영리 단체인 '해양 포유류 연구 및 교육 그룹(GREMM)'이 2018년에 수집한 영상은 혼혈종 '나루가'가 다음에 다시 발견될 가능성을 보여 줍니다. 이 영상에서 일각고래는 벨루가 무리에서 생활하고 있습니다. 여기서 주목할 점은 '나루가'가 부모에게서 번식에 유리한 이빨 구조를 물려받지 못한 '외교배 약세(outbreeding depression)'를 보여 주었다는 사실입니다. '외교배 약세'는 생태학적으로 각자의 서식 환경에 맞게 진화한 두 개체군이 교배한 결과 생태 적합성이 떨어진 후손을 낳는 현상을 말합니다.

그롤라베어도 북극곰의 뛰어난 수영 능력을 온전하게 물려받지 못했습니다. 북극곰의 신체 조건은 혹독한 환경에서 생존하는 데 맞춰졌는데, 그롤라베어는 북극곰에 비해 목이 짧아 물속에서 수영하기에 최적의 체형을 가졌다고 보기 어렵습니다. 그롤라베어의 생존 능력에 대해서는 더 많은 연구가 필요하겠지만, 켈리는 "가속화하는 환경 변화 과정에서 생긴 종간의 번식은 혼혈종이 생존 특성을 진전시킬 시간이 충분하지 않다는 점에서 위험할 수 있다."라고 말합니다.

진화 생물학자인 미국 캘리포니아 대학의 베스 샤피로 교수는 카크토비크에서 발견된 그롤라베어를 보고 "극심한 기후 변화가 생기면 꼭 이종교배가 일어나며 현재 북극에서 발견되는 혼혈종은 극심한 기후 변화의 증거"라고 말했습니다.

북극곰이 해빙을 떠나 육지에서 버티는 고육지책으로 멸종을 늦추고 있지만 인간을 포함한 동식물이 도망칠 곳이 무한

정하지는 않습니다. 어쨌거나 지구 안이지요. 그롤라베어가
북극곰에게 대안이 될지 재앙의 징검다리가 될지는 아직 모
릅니다. 인간 활동으로 인한 지구 온난화와 생태계 변화는 세
계 전체와 복합적으로 연결되어 결국에는 모두 인간에게 되
돌아옵니다. 북극곰은 자신의 잘못이 아닌 일로 곤경에 처했
습니다. 북극곰이 사람 말을 할 수 있게 된다면 무어라고 말할
까요.

바삭바삭 맛있는 컵

　식품 포장에서 지속가능성을 높이려는 노력은 친환경 포장재 개발과 재활용 가능 포장 디자인, 유통기한 표시 개선 등 다양한 방법을 통해 이뤄지고 있습니다. 생분해가 가능한 자연 유래 성분 포장재나 환경오염 유발 물질 제거 포장재, 식용이 가능한 포장재에 이어 아예 포장을 없앤 포장까지 많은 아이디어가 경합하는 중입니다. 태평양의 쓰레기 섬부터 북극곰의 멸종 위기까지 모든 생태 재앙은 인간이 문명의 이름으로 자신의 흔적을 자연에 남겨 놓고 책임지지 않았기에 생겼습니다. 이런 흔적을 지우려는 생태 노력이 가장 활발하게 이뤄지는 분야가 플라스틱 포장재 분야가 아닐까 합니다. 가장 최선의 포장은 아예 포장하지 않거나 포장을 먹어 치우는 게 아닐까요. 북극곰이나 바다거북이 먹어도 전혀 문제가 되지 않는 그런 포장재가 있을까요.

사라지는 포장

"우리는 포장을 사라지게 만든다."

이 문구는 2019년에 설립된 영국 포장재 업체 '낫플라(NOTPLA)'의 슬로건입니다. 낫플라는 해조류 추출물을 활용해 6주 이내에 생분해되는 필름 포장재를 개발했습니다.

영국의 배달 전문업체 '저스트잇(Just eat)'이 낫플라가 만든 이 생분해 필름 포장재 '오호(Ooho)'를 휴대용 케첩 포장에 사용합니다. '오호'는 냄새나 맛이 없어서 포장했을 때 내용물 본연의 맛을 변질시키지 않을뿐더러 무엇보다 사용 후 땅에 묻으면 저절로 분해됩니다. 포장재를 먹어도 몸에 아무런 문제가 생기지 않고, 모아서 썩히면 퇴비가 됩니다.

'오호'의 원료는 갈조류로 하루에 최대 1미터까지 자라며 다른 식량작물과 경쟁하지 않을 뿐 아니라 비료가 필요 없고 바다의 산성을 제거하는 데에 도움을 줍니다. 낫플라에 의하면 이 대안 포장재는 15~100밀리리터 사이 여러 용량의 용기로 만들 수 있어 케첩뿐 아니라 스포츠 음료와 같은 액체류 포장에도 활용할 수 있습니다. 저스트잇은 식당 10곳과 협력하여 실제 적용을 위한 사전 실험을 진행하였고, 이를 통해 4만 6000개 이상의 플라스틱 케첩 포장재를 줄였다고 밝혔습니다.

저스트잇은 이어서 배달 음식 포장 상자에 낫플라의 생분해 해조류 종이를 적용하였습니다. 상자 본체는 합성 첨가제가 없는 나무와 잔디 펄프로 만들고 상자 안쪽을 해조류 성분으로 코팅하였습니다. 이 포장 상자는 4주 안에 생분해되고 100퍼센트 재활용됩니다.

낫플라(NOTPLA)의 회사명은 'Not+Plastic' 즉, 플라스틱이 아니라는 뜻입니다. 낫플라는 '바이오 플라스틱' 또한 '바이오'란 수식어에도 불구하고 플라스틱에 속한 것으로 보아야 하며 '오호'를 비롯한 해조류 생분해 포장재야말로 플라스틱 범주에서 완전히 벗어난 플라스틱의 진정한 대안이라고 강조합니다. 실제로 EU가 도입한 일회용 플라스틱 지침에 따르면 PLA, PVOH와 같은 바이오 기반 및 생분해성 폴리머 즉 '바이오 플라스틱'은 라벨에 플라스틱으로 표기하여야 합니다.

낫플라와 같은 시도는 다른 나라에서도 이루어지고 있습

니다. 호주 최대의 독립 식료품 소매 유통사인 드레이크스 (Drakes) 슈퍼마켓은 식물 유래 성분인 '마터비(Mater-Bi)'로 만든 친환경 포장재로 농산물을 수축·포장합니다. 사용된 포장재는 100퍼센트 생분해되기에 사용 후 묻거나 썩혀서 퇴비로 사용할 수 있습니다.

미국에서는 대마 성분을 활용해 플라스틱 재질 빨대와 특성이 유사한 친환경 빨대를 개발했습니다. 기존 친환경 빨대보다 분해가 잘 되기 때문에 별도로 땅에 묻지 않아도 모든 자연환경에서 저절로 분해됩니다. 또 종이, 옥수수나 콩 추출 성분으로 만든 기존 친환경 빨대가 오랜 시간 사용하면 물러지는 단점을 극복했습니다.

비스킷컵과 먹는 젓가락

가장 좋은 음식물 처리기는 사람이라는 말이 있습니다. 음식을 남겨서 쓰레기로 만들었을 때와 비교해 사람이 먹었을 때 처리 효율이 월등하게 높습니다. 땅에 묻어 사라지게 만드는 생분해 포장재의 등장은 포장재 역사에서 획기적인 일이지만, 만일 뒤처리 없이 먹어서 없애는 포장재가 있다면 어떨까

미래 세대를 위한 기후 위기를 이겨 내는 상상력

요. 이런 상상이 상상으로 그치지 않고 현실에서 구현된 사례가 있습니다.

뉴질랜드에서는 특수 비스킷으로 만들어 먹을 수 있는 커피 컵을 개발했습니다. 트와이스(Twiice)가 만든 식용 커피컵 재질은 비스킷이지만, 따뜻한 액체를 담아도 내용물이 컵 밖으로 새지 않으며, 음료를 다 마신 후에, 혹은 마시면서 컵까지 뜯어 먹을 수 있습니다. 포장 쓰레기가 전혀 발생하지 않는 완벽한 친환경 제품입니다. 게다가 재미와 맛까지 느낄 수 있습니다.

이 비스킷 컵은 2019년에 뉴질랜드 국영 항공사 에어뉴질랜드의 기내용 커피잔과 디저트 그릇으로 도입되었습니다. 식용 커피컵 재료는 밀가루, 설탕, 야자유, 코코아 가루, 천연 바닐라 향, 천연 초콜릿 향, 다크 초콜릿 등입니다. 에어뉴질랜드가 제공하는 커피는 2019년 기준 연간 800만 잔 이상이며 시범 기간에 항공기 내에서뿐 아니라 지상에서 비스킷컵이 활용됐습니다.

밀가루, 우유, 달걀노른자 등의 재료를 써서 쿠키와 같은 맛이 나도록 제작되었고, 설탕이나 왁스 등으로 코팅 처리하는 대신 압력을 가한 열처리 공정을 거쳤기에 85도 고온에 견딜 수 있습니다. 커피를 채운 컵은 최대 12시간 동안 기능을 유지하고 45분까지는 바삭한 상태가 지속된다고 합니다.

에어 뉴질랜드의 비스킷 커피컵 ⓒ에어뉴질랜드

차가운 음료를 담는 컵도 개발됐습니다. 일본 아사히맥주는 마루시게제과와 협업해 2021년 3월에 식용컵인 '모구컵(Mogu Cup)'을 출시했습니다. '모구컵'은 감자 전분을 높은 온도와 압력에서 구워 만든 것으로 내구성이 강해 차가운 맥주를 담을 수 있습니다. 맥주를 담은 채 1시간 이상 컵 형태를 완벽하게 유지합니다. 모구컵은 플레인, 새우 크래커, 초콜릿,

미래 세대를 위한 기후 위기를 이겨 내는 상상력

견과류의 4가지 맛으로 만들어져 맥주 용기 겸 안주라는 일거 양득 효과를 거둡니다. 맥주 같은 음료 외에 카레, 디저트 등 다양한 음식을 담아낼 수 있어 활용도가 높습니다.

마루시게제과는 먹는 접시도 개발했습니다. 약 5밀리미터 두께의 이 접시는 전분, 흰살생선(대구, 명태 등 살빛이 흰색을 띠는 생선) 등의 가루를 기계에 넣고 압력을 가해 만들며 재료에 따라 맛이 달라집니다. 외국인 관광객을 중심으로 선풍적인 인기를 끌면서 하와이의 유명 빙수 가게에 납품했습니다. 나아가 과자처럼 먹을 수 있을뿐더러 섬유질을 함유해 건강에 좋은 '먹는 젓가락'까지 선보였습니다.

문신한 아보카도

먹는 포장재보다 한 단계 높은 포장은 어떤 것일까요. 지속 가능한 포장의 최고 단계는 아예 포장을 하지 않는 것입니다. 이런 '무포장'은 여러 공산품과 농산품에 적용되고 있습니다.

EU 집행위원회는 2013년에 스페인 기업 '레이저 푸드(Laser Food)'가 개발한 '내추럴 브랜딩' 즉 '레이저 라벨링' 기술을 유럽에서 사용할 수 있도록 승인했습니다. '레이저 라벨링'의 기본 기술은 1997년에 특허를 받았고 EU에 앞서 호주와 뉴질랜드에서 2009년부터 사용되고 있습니다. 미국 식품의약국(FDA)은 2012년에 감귤류에 한해 이산화탄소 레이저의 사용을 승인했습니다.

네덜란드에 기반을 둔 유기농 식품 분야 다국적 기업인 에오스타(Eosta)는 2016년에 '내추럴 브랜딩' 기술을 유럽에 들여옵니다. 에오스타는 '내추럴 브랜딩'을 "고화질 레이저로 과일과 채소 껍질의 바깥층 안료 일부를 없애 영구적인 표시를 남기는 방식"이라고 설명합니다. 문신이라면 일종의 문신이겠지만, 엄격히 말해 잉크를 몸에 주입하는 '문신(타투)'과는 반대로 과일 등의 몸에서 색깔을 덜어 냅니다. 그러므로 추가적인 물질이 사용되지 않습니다.

유기농 인증 마크뿐 아니라, 원산지, 브랜드 등의 표시를 명확하게 할 수 있어 비닐 등 다른 플라스틱 포장을 줄일 수 있습니다. '내추럴 브랜딩'은 EU의 유기농 인증기관인 스칼(SKAL) 승인을 받은 비접촉 방식의 안전한 표시 방법입니다. 거의 모든 과일과 채소에 적용할 수 있으며, 아보카도, 고구마, 생강, 망고, 코코넛 등에서 좋은 효과를 냅니다.

저에너지 이산화탄소 레이저를 사용하여 과일이나 채소의 가장 바깥 껍질에 국부적으로 가열하면 가열한 부분의 색소

'레이저 라벨링'이 되어 있는 과일과 채소 ⓒ에오스타

가 기화하여 사라지면서 가열한 형태로 표시가 남게 됩니다. '레이저 라벨링'에 드는 에너지는 스티커를 붙이는 것의 1퍼센트 미만입니다. 에오스타는 '내추럴 브랜딩'을 시행한 이래로 2900만 개의 포장을 없앴다고 합니다. 이렇게 해서 35만 1760킬로그램의 플라스틱과 자동차로 전 세계를 326번 돌면서 배출한 것과 같은 양의 이산화탄소를 줄일 수 있었습니다.

'레이저 라벨링'은 스페인, 스웨덴, 벨기에, 영국, 뉴질랜드 등에서도 찾아볼 수 있습니다. 유럽 내 유통업체 중에서는 스페인에서 까르푸가 2012년 처음 도입한 이래로, 스웨덴의 대표적인 슈퍼마켓 체인 '이카(ICA)', 영국의 잡화점 '마크스앤스펜서'가 동참하는 등 유럽의 주요 소매 업체로 확산하였습니다.

국내에서도 이 지속가능한 포장법에 관심이 높아지고 있습니다. 농림식품기술기획평가원은 국내 도입에 앞서 유통 과정에서 껍질 손상 가능성, 수천만 원을 웃도는 고가의 장비 가격 등의 문제를 해결해야 한다고 제안하였습니다.

포장 금지

슈퍼마켓에서 친환경(혹은 유기농) 과일과 채소는 일반적으로 비(非)친환경(비유기농) 제품과 구별하기 위해 친환경 농산물(유기농) 인증마크가 표시된 포장에 담겨 있습니다. 일반 농산물처럼 친환경(혹은 유기농) 농산물을 포장 없이 판매하는 방법이 없지는 않습니다. 상품 판매대 표시판이나 푯말에 인증 사업

미래 세대를 위한 기후 위기를 이겨 내는 상상력

자 성명, 전화번호, 포장 작업장 주소, 인증번호와 인증기관명, 생산지 등 '인증품의 인증 표시 사항'을 표기하여 다른 상품과 섞이지 않도록 판매대, 판매 구역을 구분하면 되긴 합니다.

그러나 친환경(혹은 유기농) 농산물 대부분은 인증마크가 표시된 비닐이나 플라스틱 등 환경 친화적이지 않은 재질로 감싸진 채 팔립니다. 일반 과일이나 채소보다 가격이 높은 데다, 비포장으로 유통·판매하는 과정에서 상품의 가치가 떨어질 것을 우려해 생산자와 판매자 대부분이 과대 포장을 선택합니다.

이 때문에 매장 진열대에 펼쳐 놓여 있는 일반 과일·채소 대신에 건강과 가치 소비를 위하여 친환경(혹은 유기농) 과일·채소를 구매하면 플라스틱 쓰레기를 더 많이 배출하는 아이러니가 일어나게 됩니다.

프랑스는 세계 최초로 2022년 1월 1일 30여 가지 과일과 채소에 대해 소매업체에서 플라스틱으로 포장해서 판매하는 것을 금지했습니다. 프랑스를 비롯하여 선도적으로 플라스틱 포장을 줄이고 있는 곳은 유럽입니다. EU 집행위원회는 2020년 3월 '순환경제 실행계획'을 발표한 이래 같은 해 7월 '플라스틱 세금'을 도입하였고 12월에는 '플라스틱 폐기물 수출규제'를 발표해 플라스틱 폐기물의 처리 책임을 강화했습니다.

프랑스가 플라스틱으로 포장해 판매하는 것을 금지한 품목은 과일로는 사과, 바나나, 오렌지, 배, 감귤류, 멜론, 파인애플, 망고, 키위, 자두, 레몬, 자몽, 패션프루트, 감, 클레멘타인 등이고, 채소로는 부추, 가지, 호박, 오이, 감자, 당근, 둥근 토마토, 양파, 양배추, 무 등입니다. 무게가 1.5킬로그램 이상이거나 잘라서 제공하는 과일, 여러 개를 한꺼번에 파는 섬세한 과일인 라즈베리, 블루베리와 같은 베리류는 과일의 품질 저하를 막기 위해 금지를 시작하는 시점을 늦췄습니다.

프랑스 정부는 일회용 플라스틱 사용을 줄이고 다른 재료의 사용 또는 재사용·재활용이 가능한 포장으로 대체하는 것이 목표라고 밝혔습니다. 앞으로 수년에 걸쳐 플라스틱 포장 금지를 단계적으로 확대할 계획입니다. 점차 적용 품목을 확대해 가며 2026년 6월까지는 모든 과일과 채소에 대해 플라스틱 포장을 금지합니다.

2021년 판매된 과일과 채소의 약 37퍼센트가 플라스틱으로 포장된 상태였던 것을 감안하면 프랑스는 이 조치로 연간 10억 개 이상 플라스틱 포장을 줄일 수 있을 것으로 보입니다. 2026년 6월 30일이 지난 다음에는 이미 확보한 포장재를 쓸 수 있게 6개월의 유예 기간을 주고 그 이후에는 플라스틱 포장 시 최대 1만 5000유로의 벌금을 부과하기로 했습니다.

미래 세대를 위한 기후 위기를 이겨 내는 상상력

농산물을 포장하지 않고 판매하는 현장 ⓒ농림축산식품부

우리나라 정부도 2022년부터 적극적으로 '농산물 무포장·낱개 판매 및 유통'을 추진하고 있습니다. 농림축산식품부와 환경부는 2022년 2월 '양파 낱개 판매 시범 행사'를 열었습니다. 2월 17일에서 23일까지 일주일간 17개 광역 시도의 각 5개 대형 마트(이마트, 롯데마트, 홈플러스, 농협하나로유통, GS더프레시), 전국 모두 96개 점포에서 실시한 이 행사로 양파 판매량 173톤을 기준으로 약 11만 5000개의 플라스틱 양파망(1.5킬로그램들이) 폐기물이 줄어든 것으로 추정됐습니다.

6월 20일부터는 5개 대형마트와 협조해 농산물 무포장·낱개 판매를 확대했습니다. 정부가 무포장·낱개 판매를 추진하는 농산물은 일부 점포에서 이미 낱개로 판 적이 있는 양파, 파프리카, 당근, 양배추, 고구마, 무 등이고 이 농산물을 시작으로 추후 대형마트와 협력하여 무포장·낱개 판매가 가능한 농산물을 지속해서 늘릴 계획입니다.

꼭 포장이 필요하다면

농산물 플라스틱 포장 금지에 반대가 없는 것은 아닙니다. 플라스틱 사용 금지에 따라 포장용 종이 사용이 늘어 환경 보호라는 원래 목적에 맞지 않는다는 지적이 있습니다. 또 다른 관점에서 농산물은 플라스틱 포장이 꼭 필요하다는 의견도 있습니다.

유엔식량농업기구(FAO)와 유엔환경계획(UNEP)에 따르면 매년 전 세계에서 식량의 3분의 1이 손실되거나 낭비되고 있습니다. 과일과 채소는 다른 어떤 음식보다 높은 낭비 비율을 보여 거의 절반이 낭비됩니다.

신선 농산물 포장업체인 스테팩(StePac)의 최고기술책임자

버려지는 농산물 ©FAO

(CTO) 개리 워드는 "농산물 산업에서 사용하는 많은 플라스틱
이 청과물을 보호하고 신선 농산물의 폐기물을 줄이는 데에
중요한 역할을 한다."라고 말합니다. 그는 "손실과 낭비로 농
산물이 버려지며 이 과정에서 나온 온실가스는 전 세계 온실
가스 배출량의 8퍼센트를 차지하지만, 농산물을 손실과 낭비
로부터 보호하는 데 사용하는 플라스틱 포장의 탄소 배출량은
미미하다."고 플라스틱 포장을 옹호했습니다.

그러나 영국의 자선단체인 랩(Wrap)에서 실시한 연구에 따
르면 농산물에 대한 플라스틱 포장은 소비자에게 필요한 양보

11 바삭바삭 맛있는 컵

다 더 많은 양의 과일과 채소 구매를 유발해 더 많은 음식 쓰레기를 발생시킨다고 합니다. 사과, 바나나, 브로콜리, 오이, 감자가 플라스틱 포장 없이 판매된다면, 연간 1만 톤 이상의 플라스틱과 10만 톤의 음식이 낭비되는 것을 막을 수 있다고 분석했습니다.

다만 약하고 상처받기 쉬운 제품의 보호를 위해 혹은 유기농 표시, 원산지 표시 등 라벨링이나 신선도 유지 등 유통 과정의 필요로 어쩔 수 없이 포장해야 하는 농산물에 대해서는 그 특성을 고려해 플라스틱이나 종이의 대안인 친환경 포장재가 개발되어야 한다는 의견이 농산물 포장업계에서 제시되고 있습니다.

프랑스의 샐러드 브랜드인 LSDH 그룹은 포장 샐러드 제품(Les Crudettes)의 투명 폴리프로필렌(PP) 포장을 재활용이 가능한 기능성 종이로 대체했습니다. 포장 및 종이 분야의 글로벌 대표 기업 중 한 곳인 몬디(Mondi)가 개발한 친환경 포장재는, 95퍼센트 종이 원료에 기능성 차단층을 씌워 샐러드를 최대 10일 동안 신선하게 유지해 줍니다. 기존 플라스틱 포장과 비교해 손색이 없습니다. 종이 제품인데도 재활용성 기술 전문 평가기관인 'CEREC'에서 재활용이 가능한 포장재로 확인받았습니다.

미래 세대를 위한 기후 위기를 이겨 내는 상상력

리버포드(Riverford)가 개발한 '네이처플렉스(NatureFlex)'라는 포장재는 셀룰로오스와 바이오폴리머의 이중 적층체로, 잉크 및 접착제를 포함한 포장재의 모든 재료가 가정용 퇴비로 활용될 수 있습니다. 일반 토양 환경에서 26주 이내에 미생물 작용을 통해 분해됩니다. 소비자가 포장재를 직접 퇴비로 만들기 귀찮다면 제품 포장재를 리버포드사로 보내면 됩니다. 회사가 유기물 재활용 시스템을 통해 소비자가 보내 준 포장재를 퇴비로 만듭니다.

아예 포장을 없애 옛날처럼 장바구니에 낱개로 담든, 종이로 대체하든, 아니면 새로운 포장재를 만들어 내든, 채소와 과일을 유통하는 과정에서 플라스틱이 점점 사라지는 것은 분명한 미래인 듯합니다. 환경을 생각하는 포장 기술과 아이디어가 끊임없이 개발되는 상황에 발맞춰 이제 그 아이디어 적용과 확산에도 힘을 기울일 때입니다.

전기차가 지구 온난화를 늦출 수 있을까

T에서 S로.

자동차의 역사를 한마디로 정리하면 'T→S'로 요약할 수 있습니다. 여기서 'T'는 '모델 T'를 말합니다. '모델 T'는 1908년 미국의 자동차 회사 포드에서 선보인 자동차의 종류로 21세기 들어 테슬라의 전기자동차 '모델 S'가 나오기 전까지 자동차 역사에서 가장 의미 있는 차종이었다고 평가할 수 있습니다.

미래 세대를 위한 기후 위기를 이겨 내는 상상력

'모델 T'의 축복과 재앙

'모델 T'는 1908년에 첫선을 보인 후 1927년까지 생산된 최초 대량 생산 자동차였습니다. 대량 생산은 대량 소비를 전제하기에 포드는 보통 사람이 크게 무리하지 않고 살 수 있는 수준으로 가격을 낮추었습니다. '모델 T'는 이렇게 미국에 자동차 시대를 열게 됩니다. '모델 T'가 등장하기 전까지 자동차는 부유층이 누리는 사치품이었습니다. 세계 최초 '국민차'로도 불리는 포드의 '모델 T'가 연 것은 자동차라는 특정한 생활문화에 그치지 않았습니다. '모델 T'로 상징되는 이동 문화의 혁신은 인간 삶 전반의 변화를 끌어냅니다. 다만 '모델 T'는 휘발유와 경유 같은 화석 연료를 쓰는 내연기관 자동차였습니다. 그것은 석유문명의 도래를 확정하게 됩니다. 흔히 말하는 '패러다임 시프트(대전환)'입니다. 자동차 세계가 이전과는 전혀 다른 모습으로 바뀌게 된 것입니다.

석유문명은 20세기 내내 번성하였지만, 화석 연료를 기반으로 한 '모델 T' 식의 문명이 이제 더는 지속 가능하지 않다는 사실이 지구 온난화와 기후 위기로 확인되었습니다. 이전에는 축복으로 여겨지던 것이 이제는 재앙의 원인으로 받아들여지고 있으며, 극복해야 하는 과제가 되었습니다.

포드의 모델 T ⓒ위키백과

'모델 S', 또 한 번의 패러다임 시프트

'모델 S'는 테슬라가 2012년에 출시한 전기자동차입니다. 간단히 말해 인류가 만든 전기자동차 중 성능 측면에서 내연기관 자동차와 경쟁할 수 있는 최초 모델입니다. 시제품 수준에 머물지 않고 시장에서 의미 있는 판매량을 기록했습니다.

전기자동차(EV: Electric vehicle)는 전기 에너지를 동력원(動力源)

으로 사용하는 자동차입니다. 유선 진공청소기를 사용할 때처럼 플러그를 꽂아 놓고 전깃줄을 늘려 가며 사용할 수가 없기에 전기자동차는 전기 에너지를 충전해서 사용해야 합니다. 디젤 엔진과 가솔린 엔진 등 내연기관을 장착한 자동차가 연료통에 경유나 휘발유를 채우듯 어떤 식으로든 전력을 차 안에다 채워야 전기자동차가 굴러갑니다. 따라서 축전지, 즉 배터리의 성능이 전기자동차의 성패를 좌우하게 됩니다.

자동차 역사에서 전기자동차는 사실 내연기관 자동차보다 이른 시점에 개발되었습니다. 1828년 헝가리의 사제 아니오스 예들리크가 소형 전기차 모형을 만들고, 1834년 스코틀랜드의 발명가 로버트 앤더슨이 사람이 탈 수 있는 일회용 전기차를 만든 게 전기자동차 최초의 기록입니다. 당시에는 충전 기술이 없었기에 실제로 주행할 수 있는 전기차는 납축전지가 발명된 1859년 이후에 만들어지게 됩니다. 속도 면에서 전기자동차가 내연기관 자동차보다 먼저 시간당 100킬로미터 주행이라는 상징적 속도를 돌파하였지만, 기술 한계와 편의성 등 여러 요인으로 전기자동차는 석유를 기반으로 하는 이동 수단에 밀려 역사에서 사라지게 됩니다.

전기자동차가 무대로 복귀한 시점은 내연기관 차량이 심각한 수준의 환경 문제를 일으켜 걱정의 대상이 된 1990년대 들어서이고, 현대적인 의미에서 전기자동차라고 부를 만한 자동차는 21세기 들어서 제대로 개발되기 시작합니다.

'모델 S'는 전기자동차 시대를 본격적으로 열면서 자동차의 본질을 새롭게 정의하게 됩니다. 이동 수단이라는 점에서 내연기관 자동차와 동일하지만 우리 문명에서 자동차의 의미를 완전히 바꾸었다는 점에서 '모델 T'와 마찬가지로 '패러다임 전환'을 만들어 냈습니다. 내연기관 자동차가 100년에 걸쳐 개발하고 쌓은 성능을 전기자동차가 10년 만에 따라잡은 데에는 반도체 등 21세기 첨단 기술이 한몫했지만, 위기 상황이라는 시대의 간절한 요구 또한 반영되었을 것입니다.

예컨대 유럽을 비롯하여 세계 많은 지역의 국가들이 빠르면 몇 년 이내 혹은 수십 년 이내에 내연기관 자동차를 도로에서 퇴출하겠다고 밝혔습니다. 그 시점에 내연기관 자동차가 모두 사라질지는 확실하지 않지만, 내연기관 자동차가 언젠가는 도로에서 완전히 없어질 것이라는 건 기정사실입니다. 어쩌면 예상보다 빨리 없어질 수도 있습니다. 지구 온난화와 기후 위기가 그만큼 심각합니다.

친환경차의 성장과 변화

친환경차는 전기자동차를 포함해 전력과 화석 연료를 함께 쓰는 하이브리드자동차, 석유 대신 수소를 에너지원으로 쓰는 수소전기자동차를 말합니다. 자동차 시장에서 이런 친환경차 비중이 빠르게 커지고 있습니다. 영국의 경제 전문 신문《파이낸셜 타임스》에 따르면 2021년 12월 사상 처음으로 유럽에서 전기차 판매량이 디젤 차량을 앞질렀습니다. 정부의 보조금 지원과 엄격한 내연기관 자동차 규제로 신차 판매의 20퍼센트 이상을 전기자동차가 차지했습니다. 노르웨이는 2025년까지, 중국과 미국 캘리포니아주도 2035년까지 내연기관 자동차 판매를 전면 금지할 계획이어서 친환경차로 전환은 더욱 빠르게 전개될 전망입니다.

기후 위기를 극복하기 위해서는 당연히 온실가스 순 배출량을 '0'으로 만드는 탄소중립을 실현해야 합니다. 온실가스 주요 배출원인 화석 연료 중심의 자동차 산업에 대한 규제가 세계적으로 강해지면서 이처럼 전기·수소 등 탄소 무배출차로 전환이 빨라지는 가운데 특히 상용차(商用車)에 주목할 필요가 있습니다. 상용차는 사업에 사용되는 차로, 버스나 트럭 같은 차를 말합니다. 한국과학기술기획평가원에 따르면 상용차는 세계 자동차 시장 점유율이 10퍼센트 수준에 불과하지만 이산화탄소 배출 비중은 46퍼센트에 달하고 화석 연료 의존도가 높아 빠른 친환경화가 필요합니다.

국내에서 상용차 1대가 배출하는 이산화탄소 배출량은 트럭이 승용차의 2.5배, 버스는 16배로 상용차의 친환경차로 전환하는 일이 시급합니다. 친환경차 보급 방침에 따라 국내에서 2019년 말 1100대였던 전기 화물차는 구매 보조금 등 지원 정책에 힘입어 2022년 3월 말 5만 1000대로 대폭 늘어나기는 했습니다. 다만 차량이 배터리로 구동되는 까닭에 전기자동차는 태생적인 한계를 지닙니다. 주행 거리를 늘리기 위해 배터리를 키우면 배터리 크기나 무게로 공간에 제약이 생겨 화물 운송의 효율이 떨어집니다. 배터리가 커지면서 공간과 무게를 추가로 차지하기에 기대한 만큼 화물을 더 싣지 못한다는 이야기입니다. 주행 거리가 길고 상당한 중량을 날라야 하는 상용차에 있어 전기자동차는 픽업트럭 정도가 경제성을 고려한 마지노선으로 보입니다. 물론 현재 기술을 적용했을 때 이야기이고, 기술 발전에 따라 상황은 달라질 수 있습니다.

이러한 전기차의 한계를 극복한 대안 차량이 수소전기자동차입니다. 수소전기자동차는 전기자동차의 한 종류로 외부 전기 에너지를 차량 내부 배터리에 담아 동력원으로 쓰는 전

미래 세대를 위한 기후 위기를 이겨 내는 상상력

기자동차의 일반적 방식 대신 차량 내부에 수소를 충전하여 두고 그 수소를 전기 에너지로 바꿔 동력원으로 사용합니다. 수소를 직접 연료로 쓰는 것은 아닙니다. 수소를 연료전지에 보내면 연료전지가 공급받은 수소를 공기 중 산소와 직접 반응시켜 전력을 생산하여 자동차를 움직입니다. 수소를 충전하는 시간이 짧고, 주행 거리가 길며 기존 화석 연료 에너지의 공급 방식과 이용 방식이 비슷해 전환이 쉽다는 게 수소전기자동차의 강점입니다.

실제로 약 300킬로미터를 갈 수 있는 55킬로와트시(kWh) 배터리 이상부터는 수소전기자동차가 전기자동차보다 경제성이 높으며 주행 거리가 길어질수록 두 종류 자동차의 경제성 격차가 더 커졌습니다. 연료 무게가 상대적으로 가벼워 고중량 적재가 가능한 수소전기자동차는 전기자동차 기술만으로는 감당이 어려운 중대형 상용차의 친환경 전환에서 중요한 역할을 할 것으로 예상됩니다.

수소차, 그리고 온실가스 제로의 가능성

해외 시장에서 수소전기자동차는 아직 시작 단계이고 사용

모델 출시를 앞둔 시범 사업이 주입니다. 수소승용차나 수소 버스 중심으로 형성된 초기 수소전기자동차 시장에서 수소트럭과 같은 상용차는 아직 상용화 기술이 개발 중인 단계입니다. 하지만 대형차에 대한 환경 규제가 점차 강해지고 경유차에 대한 운행 제한이 확대되는 추세여서 2030년 이후로는 시장이 본격적으로 만들어질 것으로 전망됩니다.

주요 자동차 제조사는 대형 수소트럭의 상용화를 위한 실증 사업에 투입되는 프로토타입과 콘셉트카를 선보이고 있습니다. 프로토타입은 본격적인 상품화에 앞서 성능을 검증하고 개선하기 위해 간단히 핵심 기능만 넣어 제작한 모델이고, 콘셉트카는 자동차를 출시하기 전에 제조사가 선보이고자 하는 디자인이나 신기술을 담아 미리 선보이는 차입니다. 독일 다임러 트럭은 2021년부터 대형 수소트럭을 개발 중이며 테스트 트랙과 일반 도로 모두에서 검증을 진행하고 있습니다. 2022년 6월 다임러는 1회 완전 충전으로 최대 1000킬로미터 주행이 가능한 대형 액화수소트럭을 목표로 새로운 프로토타입을 가동했다고 밝혔습니다.

현대자동차는 2020년 세계 최초로 대형 수소트럭을 양산했습니다. 프로토타입과 전시용 콘셉트카가 아닌 일반 판매를 위한 양산 체제를 갖춘 것은 현대자동차가 처음입니다. 배출

현대자동차의 엑시언트 수소전기트럭 ⓒ현대자동차그룹

되는 오염물질 없이 1회 충전으로 400킬로미터 이상을 달릴 수 있는 이 트럭은 양산 후 2020년 7월에 스위스로 수출되었고 2022년 3월까지 단 한 건의 안전사고 없이 종합 누적 거리 300만 킬로미터를 달성하며 안전성을 입증했습니다.

수소전기자동차는 경제 효과, 에너지 수급, 친환경 등 여러 측면에 많은 장점이 있습니다. 수소전기자동차 확산을 위해서는 수소충전소 확대와 안정적인 수소 공급원 확보가 중요합니다. 동시에 수소 생산 비용이 낮아져야 합니다.

무공해차(ZEV: Zero Emission Vehicle) 의무 판매제를 시행 중인 미국 캘리포니아주는 2021년 자동차 전체 판매 대수의 8퍼센트를 배출 가스가 전혀 없는 전기자동차나 수소전기자동차로 채우도록 의무화했습니다. 2026년까지 수소충전소 176개소를 구축해 2027년까지 수소전기자동차 6만 대를 보급할 계획입니다. 2050년까지 수소 사회 이행을 선포한 일본도 2020년 135개소인 수소충전소를 2030년까지 900여 개소 이상 설치하고 수소전기자동차를 80만 대 보급하겠다고 밝혔습니다. 2019년 '수소경제 활성화 로드맵'을 발표한 한국 또한 2040년까지 수소차 290만 대 보급 및 수소충전소 1200개소 구축을 목표로 설정했습니다.

수소는 생산 방식에 따라 종류가 나뉘는데 보편적으로 그레이수소, 블루수소, 그린수소로 구분됩니다. 기존 화력 발전이나 석유화학 공정에서, 또 철강 등을 생산하며 부산물로 나오는 수소가 그레이수소이며 이 과정에서 '탄소 포집 및 저장(CCS: Carbon capture and storage) 기술'로 탄소를 없애면서 수소만 걸러내면 블루수소가 됩니다. 그린수소는 재생 에너지를 전력원으로 하여 물을 전기분해하는, 즉 수전해 기술로 생산하기 때문에 다른 수소와 달리 생산 과정에서 온실가스 배출이 없습니다. 수소와 산소로 구성된 물에 전기장을 걸어 둘을 분리하여 수소를 만들어 내는 수전해 기술에 사용하는 에너지원(원자력, 화력 발전, 재생 에너지 등)에 따라 에너지 효율이나 친환경 수준에 차이가 생깁니다.

　기술의 어려움을 넘어선다면 완전히 새로운 이른바 '수소 경제'라는 장밋빛 미래가 우리에게 열릴 수 있습니다. 온실가스 문제 해결에도 청신호가 들어오겠지요. 수소는 지역 편중이 없는 에너지원입니다. 석유나 석탄과 달리 국제 사회에서 에너지 평등이 처음으로 구현될지도 모릅니다.

　수소가 등급이 나뉜다는 사실은 적잖은 시사점을 갖습니다. 생산 과정에 이산화탄소 발생이 없고 공정에 쓰는 에너지를 재생 에너지로 쓰는 그린수소만이 완전한 의미에서 청정한 그리고 완벽한 친환경 에너지입니다. 이 그린수소를 연료로 사용할 때 엄격한 의미에서 수소전기자동차가 탄소 배출 '0'의 자동차가 됩니다.

　전기자동차에 대해서도 같은 이야기를 할 수 있습니다. 전기자동차를 친환경 자동차이자 탄소 배출이 없는 자동차라고 말했는데, 이것은 반쪽 진실입니다. 왜냐하면 전기자동차 배터리를 충전하는 전력을 화석 연료를 때는 발전소에서 가져온다면 비록 도로에서는 이산화탄소를 배출하지 않는다고 하여도 자동차 주행을 통해 내용상 이산화탄소를 간접적으로 내뿜는 것이기 때문입니다. 전기자동차를 통해 배기가스가 사라진 것은 중대한 진전입니다. 하지만 그곳이 최종 목적지는 아닙니다. 자동차를 충전하는 데 쓰는 전력 자체가 탄소 배출 없이 친환경으로 만들어져야 우리는 자동차 산업에서 '모델 S'가 시작한 '패러다임 전환'을 완료했다고 말할 수 있습니다.

'우리 공동의 미래'를
위하여

2019년 노벨평화상 후보에 올랐던 스웨덴의 기후 변화 행동가 그레타 툰베리(2003년 1월생)는 11세 때 기후불안으로 우울증을 겪었습니다. 툰베리는 테드(TED) 강연에서 "'기후우울증'으로 말과 식사를 중단했고 그로 인해 두 달 만에 체중이 11킬로그램 줄었다."고 밝힌 바 있습니다. 툰베리는 2018년 8월부터 '학교 파업(School Strike)'을 주도하여 세계에 기후 변화의 심각성을 경고하고 정부, 기업 등의 대응을 촉구하는 목소리를 내고 있습니다. 그는 "기후 위기로 학교 파업에 참여 중인 전 세계 수백만 명의 청소년이 학교로 돌아갈 수 있도록 지구상의 모든 정부, 정당, 기업이 기후와 생태 위기의 시급성을 파악하고 서로의 차이에도 단합하기를 바란다."고 말합니다.

기후우울증

기후우울증(Climate Depression, 혹은 기후 위기 우울증) 개념은 심리학자들이 처음 제시했습니다. 2011년 미국 심리학자인 도허티와 클레이튼은 급격한 기후 변화로 인한 심리적 불안감을 '기후 변화에 관한 불안과 걱정(Anxiety and Worry regarding Climate Change)'으로 소개했습니다. 그들은 "극심한 기후 변화는 생물다양성과 지구물리학의 문제임과 동시에 인류의 심리적 건강과 복지에 위협이 된다."며 "'기후우울증', '환경불안(Eco Anxiety)'과 같은 기후 변화와 관련한 심리적 피해를 최소화하기 위해 심리학자들이 즉각적으로 행동해야 한다."고 촉구했습니다.

2017년에 미국심리학회는 기후우울증의 다른 표현인 환경불안을 '환경 파괴로 인한 지구 종말을 만성적으로 두려워하는 것'으로 정의합니다. 기후우울증이나 환경 불안은 현재까지 정신의학의 공식적인 진단명은 아닙니다. 기후 변화로 생긴 정신건강 분야의 신조어에는 '기후 슬픔(Climate Grief)', '생태 슬픔(Ecological Grief)' 등도 있습니다.

세계보건기구(WHO)는 2021년 스웨덴 스톡홀름에서 열린 '유엔인간환경회의' 50주년 기념 정책 브리핑에서 기후 변화 대응에 정신건강 지원을 포함할 것을 요청했습니다. 기후 위기로 전 세계 1억 명이 정신건강 이상으로 고통을 받고 있고, 정신건강 이상 해결에 약 1조 달러의 막대한 비용이 들 것으로 추정되는 데 비해 전 세계 정부는 예산의 2퍼센트만을 국민 정신건강에 배정하고 있다고 WHO는 분석했습니다. WHO는 2021년 조사에서 국가 보건 및 기후 변화 대응 계획에 정신건강 및 심리사회 지원을 포함한 국가는 인도, 필리핀 등 9개국뿐이라고 밝혔습니다. 그러면서 WHO 회원국의 최우선 과제가 국민의 정신건강 보호라고 강조했습니다. WHO가 정의한 정신건강은 "모든 개인이 자신의 잠재력을 깨닫고, 삶의 스트레스에 대처할 수 있으며, 생산적으로 일할 수 있고, 지역 사회에 이바지할 수 있는 웰빙 상태"입니다.

WHO 조사 결과는 2021년 2월 발표된 제6차 IPCC 실무그룹 보고서의 내용과 일치합니다. IPCC는 급속도로 악화하는 기후 변화가 정서적 고통에서 불안, 우울증, 자살에 이르기까지 정신건강과 심리사회적 복지에 위협이 된다고 경고했습니다.

'어린이 기후 위험 지수'

2018년 미국 스탠퍼드 대학교 연구팀은 미국과 멕시코의 수십 년에 걸친 포괄적인 자료를 분석한 결과 월 평균 기온이 1도 상승할 때마다 자살률이 미국에서 0.7퍼센트, 멕시코에서 2.1퍼센트 상승했다고 보고했습니다. 이 결과는 더운 지역과 추운 지역에서 비슷하게 나타났으며 시간이 지나도 변하지 않았습니다. 이에 따라 연구팀은 다른 역사적 요인과 무관하게 기온 상승과 자살률 사이에 서로 관련이 있다고 판단하였습니다.

2014년 5월 22일에서 2015년 7월 2일 사이 미국에서 발생한 6억 건 이상의 소셜 미디어(트위터) 언어를 분석한 결과에서도 사람들이 그 지역의 월별 기온이 평소보다 높았을 때 '우울한 언어'를 사용할 확률이 같이 상승한다는 사실을 밝혀냈습니다. 최악의 기후 시나리오 즉 온실가스 배출이 전혀 줄어들지 않고 현재 추세로 계속 배출되는 상황을 가정했을 때, 2050년까지 향후 약 30년 동안 미국과 멕시코에서 기온 상승만으로 9000~4만 명이 추가로 자살할 수 있다는 암울한 전망이 있습니다.

기후 변화는 어린이와 청소년의 건강과 미래에 큰 영향을

미래 세대를 위한 기후 위기를 이겨 내는 상상력

미치지만, 세대 특성상 이들은 스스로 피해를 막을 힘을 거의 갖지 못한 수동적 존재여서 특히 기후 불안에 취약합니다. 유니세프는 2021년 8월 10일 〈기후 위기는 어린이 인권의 위기〉라는 제목의 보고서를 발표했습니다. 전 세계 163개국 22억 명 어린이 중 거의 절반인 33개국 10억 명이 극도로 높은 기후 불안 위험에 처했다고 추정했습니다.

보고서는 함께 발표한 '어린이 기후 위험 지수(CCRI; Children's Climate Risk Index)'를 통해 전 세계 163개국 어린이의 기후 불안 정도를 평가했습니다. CCRI는 크게 기후 및 환경 위험, 충격 및 스트레스 노출(해안 홍수, 강변 범람, 사이클론, 모기·진드기 등을 통한 매개 질병, 납 오염, 열(熱)파, 물 부족, 높은 수준의 대기 오염)과 아동 취약성(건강 및 영양, 교육, 물·위생, 빈곤·사회적 보호 등)의 두 영역으로 구성됩니다.

CCRI에 따르면 전 세계 거의 모든 어린이는 이러한 기후 및 환경 위험 중 적어도 하나의 위험에 노출돼 있고, 그 가운데 세계 어린이의 50퍼센트에 육박하는 약 10억 명 어린이가 기후 불안이 '매우 위험'한 33개국에 살고 있습니다. 이 33개국은 저개발 국가로 아프리카에 집중돼 있습니다. 한국은 남아프리카공화국, 도미니카공화국 등과 함께 공동 72위였습니다. 우리나라 어린이의 기후 불안이 중간 정도라는 뜻입니다.

기후 불안 '매우 위험' 33개국 전체의 이산화탄소 배출량은 전 세계 배출량의 9퍼센트에 불과합니다. 전 세계 이산화탄소 배출량의 거의 70퍼센트를 차지하는 이산화탄소 배출 상위 10개국 중 인도만이 CCRI에서 '매우 위험'으로 평가되었을 뿐 나머지 9개국은 '보통 수준 위험' 이하로 분류되었습니다. 부자 나라가 온실가스를 더 많이 배출하지만 가난한 나라가 피해를 더 많이 보는, 기후 위기에서 나타난 세계의 불평등이 기후 불안에서도 동일하게 목격되었습니다. 지구 온난화의 고통은 어린이에게 더 크게 나타났고, 그중에서 지구 온난화에 책임이 적은 국가들의 어린이가 더 큰 고통을 겪고 있다고 유니세프는 분석했습니다.

기후우울증에 더 취약한 젊은 세대

2021년 12월 영국 바스 대학교는 전 세계 16~25세 청소년 및 젊은 세대의 기후 불안과 정부 대응에 관한 인식 조사 결과를 발표했습니다. 청소년과 젊은 세대의 기후 불안 인식에 관한 연구 중 가장 큰 규모입니다. 조사 기간은 2021년 5월 18일부터 6월 7일까지, 전 세계 10개국(호주, 브라질, 핀란

미래 세대를 위한 기후 위기를 이겨 내는 상상력

드, 프랑스, 인도, 나이지리아, 필리핀, 포르투갈, 영국, 미국)에서 국가당 16~25세 응답자 1000명씩 총 1만 명의 응답 결과를 분석했습니다.

조사 결과 대부분 청소년과 젊은이는 현재 기후 변화 사태를 심각하게 우려했습니다. '매우 걱정(27퍼센트)'과 '약간 걱정(11퍼센트)'까지를 포함하여 전체 응답자의 95퍼센트가 기후 변화를 걱정했습니다. '매우' 걱정한다고 응답한 비중을 국가별로 살펴보면 필리핀 49퍼센트, 인도 35퍼센트, 브라질 29퍼센트, 포르투갈 30퍼센트, 호주 25퍼센트, 핀란드 18퍼센트, 프랑스 18퍼센트, 나이지리아 22퍼센트, 영국 20퍼센트, 미국 19퍼센트 순이었습니다. 필리핀이 우려 비율이 가장 높은 것은 해안 홍수와 태풍을 비롯하여 기후 변화에 따른 물리적 영향을 이미 폭넓게 경험하고 있기 때문으로 보입니다.

많은 청소년과 젊은이는 기후 변화에 부정적인 감정을 표현했습니다. 응답자의 50퍼센트 이상이 두렵고, 슬프고, 불안하고, 화나고, 무력하고, 죄책감을 느낀 것으로 조사됐습니다. 응답자의 83퍼센트가 '인류가 지구를 돌보는 것에 실패했다', 76퍼센트가 '미래가 두렵다', 56퍼센트는 '인류가 망했다'고 여겼으며 '자녀 갖기를 주저한다'는 응답률도 39퍼센트였습니다.

정부의 기후 변화 대응에는 국가별로 59~64퍼센트의 응답자가 부정적으로 평가했습니다. 모든 국가에서 (정부 정책에) 안도감(4점 척도에서 평균 2.22)보다 배신감(2.7)을 더 크게 느낀 것으로 나타났습니다. 영국과 같이 극심한 기상 현상으로부터 직접적인 영향이 덜한 국가에서도 부정적 반응(배신감 2.54, 안도감 2.06)이 높았습니다.

높은 수준의 고통과 사회심리적 효과, 국가 불신 등이 젊은 세대의 정신건강에 나쁜 영향을 미칠 것으로 연구팀은 예상했습니다. 기후 불안이 당장 개개인에게 정신 질환을 가져오지는 않더라도, 기후 변화의 심각한 현실과 함께 정부의 대응 실패는 만성적이고 장기적이며 피할 수 없는 숨은 스트레스 요인이 됩니다. 이러한 상황은 모든 세대에 걸쳐 정신건강 문제를 일으킬 수 있지만, 특히 아동과 청소년을 포함한 젊은 세대는 기후 스트레스 요인을 줄이거나 예방, 혹은 피할 능력이 상대적으로 떨어지는 데다 사태를 더 예민하게 받아들일 가능성까지 있어 기성세대와 비교해 더 취약한 것으로 평가됩니다.

국내 조사에서도 비슷한 결과가 나왔습니다. 초록우산어린이재단이 2021년 10월 청소년 500명을 대상으로 한 설문조사에서 조사 대상자의 88.4퍼센트가 기후 변화가 일상에 미치는 영향을 걱정한다고 답했습니다.

미래 세대를 위한 기후 위기를 이겨 내는 상상력

출산파업과 기후 위기 소송

　기후 위기와 기후우울증은 일부 젊은 세대에서 출산파업으로 이어졌습니다. 캐나다의 기후 변화 활동가이자 언론인인 브릿 레이는 2019년 테드 강연에서 '암울한 미래에 대한 젊은 세대의 공포'의 심각성을 공개적으로 거론했습니다. 레이는 "기후 변화로 인한 정신건강 문제가 세대 갈등이나 불복종 운동을 일으킬 수 있다."며 "출산파업은 생태계의 위기 상황과 실존하는 위협에 대한 정부의 무대응 때문"이라고 말했습니다.

　영국의 사회운동가이자 음악가인 블라이스 페피노는 IPCC가 2018년에 치명적인 기후 변화를 막을 수 있는 시간이 앞으로 11년밖에 남아 있지 않다고 경고하자 '출산파업(Birth Strike)'이란 단체를 결성합니다. '출산파업'은 기후 비상사태를 맞이하여 '생태계 아마겟돈'으로 표현된 살기 힘든 환경을 다음 세대에 물려주고 싶지 않다는 의지를 밝히는 차원에서 출산파업 캠페인을 진행했습니다. 캠페인에 동참한 이들 중 일부는 미래 세대 삶의 질을 걱정하는 것과 함께 자녀와 후손 등 미래 세대가 추가로 배출할 탄소 때문에 자녀 갖기를 거부한다고 합니다.

어린이와 청소년이 정부의 무대책에 분노하여 정부를 대상으로 법적 소송을 일으킨 사례도 있습니다. 태명이 '딱따구리'인 20주 태아부터 10세 어린이까지 62명으로 구성된 '딱따구리 외 61인'의 '아기 기후소송단'은 2022년 6월 13일 변호사를 통해 헌법재판소에 헌법소원 심판청구서를 제출했습니다.

2030년 국가 온실가스 감축 목표를 2018년 대비 40퍼센트로 정한 '탄소중립 기본법 시행령'이 이 아이들의 생명권과 행복추구권 등 기본권을 침해해 위헌이라는 내용의 헌법소원입니다. 소송단은 2030년 국가 온실가스 감축 목표를 2018년 대비 55퍼센트로 잡아야 한다고 주장했습니다. 현재 세대의 느슨한 감축 목표로 미래 세대가 과도하게 온실가스 감축 부담을 짊어져야 하는 '세대 간 불평등'을 바로잡기 위해서라도 감축 목표를 상향 조정해야 한다는 입장입니다.

기후 불안은 집단적 경험입니다. 젊은이들이 느끼는 기후 불안은 단지 불안에 그치지 않고 세상에 대한 그들의 관심과 공감을 나타내는 것이기도 합니다. 젊은 세대는 그들의 생각과 감정을 권력자들이 받아들여 기후 불안을 없애는 방향으로 정책을 세우고 펼치기를 바랍니다. 미래 세대는 기후 위기에 노출되는 기간이 더 긴 반면 현시점에서 기후 위기 대응에 행사할 수 있는 정치적이고 사회적인 힘은 덜 갖고 있습니다. 이

미래 세대를 위한 기후 위기를 이겨 내는 상상력

러한 '노출 기간'과 '가진 힘' 사이의 불일치는, 한눈에 확인되는 세대 간 불평등이라고 할 수 있습니다.

WHO는 확산·강화·만성화 가능성이 큰 기후우울증이라는 정신건강 문제 해결을 위해 관련한 정책을 만들고 예산을 마련하는 것이 각국 정부의 시급한 과제라고 강조합니다. 그러나 이것이 기후우울증과 기후 불안의 근본적인 해법은 아닙니다. 기후 위기 자체의 해결 없이는 이런 노력은 결국 밑 빠진 독에 물 붓기가 될 수밖에 없습니다.

배가 침몰하기 전에

미래 세대가 기후우울증에서 벗어날 가능성은 사실상 희박해 보입니다. 정도의 문제이지, 앞으로 기후 위기가 더 심해진다는 건 거의 기정사실이기 때문입니다. 기성세대의 의지 부족이 그 원인이 아니라고 말하기 어렵지만, 인류문명이 흘러가는 방향을 하루아침에 바꾸는 게 결코 쉬운 일이 아니기도 합니다. 배가 크고 항해 속도가 빠를수록 가던 방향에서 방향을 바꾸어 배를 되돌아오게 하려면 더 큰 원을 그릴 수밖에 없습니다.

미래 세대가 그렇다고 침묵해야 하는 건 아닙니다. 침묵할 수도 없고 침묵해서도 안 됩니다. 배가 현재 가는 방향이 잘못된 것이 명백하다면 그 방향을 되돌리는 데에, 또한 회항이 가능한 한 빨리 이뤄지도록 하는 데에 힘을 보태야 합니다. 여기에 다른 의견이 있을 수 없습니다. 그렇다면 어떻게 하는 게 좋을까요.

'학교파업'이나 '출산파업', 헌법소원처럼 사회에 충격을 가하는 지금의 방법도 있지만 다른 방법과 가능성을 함께 생각해 봐야 합니다. 누구나 지구 온난화와 기후 위기를 중심으로 한 환경 문제가 현재 가장 시급하고 심각한 현안이라고 답변합니다. 그렇다면 그레타 툰베리 식으로 환경운동에만 매진하면 되는 것일까요.

환경 문제는 환경 관점만으론 올바른 해법을 찾아낼 수 없습니다. 다음 세대를 대표하는 툰베리의 직설법이 분명 그 자체로 의의가 있지만, 성공을 거둘 확률이 더 높은 해법은 '툰베리 밖'에서 찾아질 것입니다. 지구촌 각 나라에서 하던 대로의 환경운동을 당연히 계속해야 하지만 그것만으로 성공을 기약할 수 없습니다. 그것만으로는 재앙을 향하여 빠른 속도로 달려가는 커다란 배를 늦지 않게 되돌릴 수 없습니다.

유엔의 지속가능발전목표(SDGs)나 최근 몇 년 사이 전 세

미래 세대를 위한 기후 위기를 이겨 내는 상상력

계에 거세게 퍼져 나가고 있는 ESG가 환경운동을 열심히 하는 사람들이 보기엔 뭔가 부족해 보일지라도 배를 뒤집어엎지 않으면서 배를 돌리려면 꼭 필요한 전략입니다. 환경(Environment)과 사회(Social), 지배구조(Governance)를 합쳐 놓은 ESG라는 말에서 당연히 E(환경)가 중심이 돼야 하지만, E 단독이 아닌 S(사회)와 G(지배구조)까지 ESG로 삼위일체가 되었을 때 기후 위기를 극복하는 것은 물론 인류의 미래 삶을 건전한 방향으로 지켜 낼 수 있습니다.

1987년 유엔이 발표한 보고서 《우리 공동의 미래(Our Common Future)》는 인류 차원에서 내놓은 우리 문명의 반성문이자 유엔 수준에서 '지속가능 발전(Sustainable Development)' 개념을 공식적으로 합의한 기념비적 문서입니다. 완벽하게 만족스러운 내용은 아니지만 지속가능하지 않은 현재의 암울한 상황을 냉철하게 파악하여 지속가능 발전을 해법으로 제시한 지구촌 전체의 최초 합의라는 데에 의의가 있습니다. 《우리 공동의 미래》는 지속가능 발전의 두 축으로 환경과 사회를 제시했습니다. 발표 주체가 유엔이라는 사실은 환경과 사회라는 두 축과 함께 지배구조라는 다른 축이 이미 사전에 존재한다고 봐야 합니다.

1992년 브라질 리우에서 열린 리우 환경회의는 '지속

가능 발전' 앞에 '환경적으로 건전한'이란 설명을 넣은 ESSD(Environmentally Sound & Sustainable Development)를 통해 환경 문제가 가장 중요하다는 사실을 다시 한번 강조했습니다. 2015년 유엔총회에서 인류 공동의 문제와 해법을 정리한 '지속가능 발전 목표'를 채택한 것에서 드러나듯 리우 회의 이후 '환경적으로 건전한'은 별도로 표시하지 않아도 '지속가능 발전'에 포함된 것으로 봅니다. 환경 문제를 해결하기 위해 경제와 사회 문제를 함께 고려해야 한다는 생각은 자칫 사태를 흐지부지 덮어 버릴 위험이 있다는 비판을 받았지만, 사실 당장은 환경 문제를 피하고 싶어서 경제와 사회를 끌어들인 측면이 있지만, 지금은 모든 문제를 종합적으로 고려하며 해법을 마련해야 하고 실제로 그럴 수밖에 없다는 데에 상당한 합의가 이루어졌습니다.

상황이 급박한 만큼 인류를 구하면서 지구를 구할 우리 공동의 지속가능한 미래는 단호하고 확실하게 모색하되, 오히려 더 차분하고 냉철하게 준비해야 하지 않을까요. 절대 실패해서는 안 되는 일이니까요.

미래 세대를 위한 기후 위기를 이겨 내는 상상력